자유 대 규제, 무엇이 먼저일까?

※ 일러두기
본 책에 수록한 신문 기사는 실제 사건을 기반으로 재정리했습니다.

우리는 민주 시민 2
자유 대 규제, 무엇이 먼저일까?

초판 1쇄 발행 2019년 6월 28일
초판 5쇄 발행 2021년 12월 3일

글 양서윤
그림 박재현

펴낸곳 도서출판 개암나무(주)
펴낸이 김보경
경영관리 총괄 김수현   **경영관리** 배정은
편집 조원선 서진   **디자인** 김효정   **마케팅** 신종연
출판등록 2006년 6월 16일 제22-2944호

주소 서울특별시 용산구 한남대로40길 19, 4층(한남동, JD빌딩) (우)04417
전화 (02)6254-0601, 6207-0603   **팩스** (02)6254-0602   **E-mail** gaeam@gaeamnamu.co.kr
개암나무 블로그 http://blog.naver.com/gaeamnamu   **개암나무 카페** http://cafe.naver.com/gaeam

ⓒ 양서윤, 박재현, 2019
이 책의 저작권은 저자에게 있습니다. 저자와 출판사의 허락 없이 내용의 일부를 인용하거나 발췌하는 것을 금합니다.

ISBN 978-89-6830-515-3 74300
ISBN 978-89-6830-503-0 (세트)

이 도서의 국립중앙도서관 출판시도서목록(CIP)은 서지정보유통지원시스템 홈페이지(http://seoji.nl.go.kr)와
국가자료공동목록시스템(http://www.nl.go.kr/kolisnet)에서 이용하실 수 있습니다.
(CIP제어번호: CIP2019019332)

품명 아동 도서 | **제조년월** 2021년 12월 3일 | **사용연령** 11세 이상
제조자명 개암나무(주) | **제조국명** 대한민국 | **전화번호** 02-6254-0601
주소 서울특별시 용산구 한남대로40길 19, 4층(한남동, JD빌딩)

우리는 민주 시민 2

자유 대 규제,
무엇이 먼저일까?

양서윤 글   박재현 그림

개암나무

차례

민주 초등학교 토론왕은 나야, 나! _10

교내 CCTV 설치, 필요할까? _16

집회와 시위, 어디까지 정당할까? _28

길고양이에게 먹이를 줘도 될까? _42

게임 셧다운 제도, 필요할까? _56

교내 스마트폰 사용 금지, 필요할까? _70

교내 종교의 자유, 어디까지 보장할까? _84

인터넷 실명제, 부활해야 할까? _98

안락사, 허용해야 할까? _110

학생의 외모, 규제해야 할까? _124

연예인은 사생활도 공개해야 할까? _136

나자유 (5학년)

개인의 자유를 최우선으로 여기는 자유주의자. 자신의 주장을 정확한 근거를 들어 논리 정연하게 설명하는 능력이 탁월해. 아주 가끔 이성을 잃고 욱하기는 하지만 말이야.

전규제 (5학년)

사회가 잘 굴러가려면 원칙과 규제가 필요하다고 생각하는 원칙주의자. 자신이 옳다고 생각하는 사안에 대해서는 절대 의견을 굽히지 않지만, 잘못을 바로 인정할 줄 아는 시원시원한 성격은 장점이야.

오균형 선생님

민주 초등학교 토론반 담당 선생님이자 사회자야. 규제와 자유가 토론 도중 샛길로 빠지면 본론으로 돌아오도록 이끌고 토론의 중심을 잡아 주지.

예서 영민 채연

자유와 규제의 토론 수업을 참관하는 3학년 배심원들. 아직 토론이 무엇인지 잘 모르지만, 자유와 규제의 주장을 듣고 자신들의 생각을 키워 나가.

> 작가의 말

우리 사회의 문제들에 대해
생각하고 토론해요!

요즘 인터넷에서 '먹방'이 인기예요. 먹방은 먹는 모습을 보여 주는 방송으로, 시청자를 사로잡는 새로운 문화로 자리매김했습니다. 이제는 다른 나라 사람들까지 우리말 그대로 'Mukbang'이라고 부를 만큼 전 세계적으로도 유명해졌지요.

이처럼 많은 사람들이 먹방에 열광하지만 사회적으로 부정적인 면도 많아 우려를 낳아요. 의사들은 먹방이 폭식을 자극함으로써 방송 진행자는 물론, 시청자의 건강에도 나쁜 영향을 준다고 경고합니다. 실제로 먹방 때문에 사고가 생기기도 했어요. 일본의 한 먹방 진행자가 주먹밥을 무리해서 한입에 삼키려다가 생방송 도중 사망한 일도 있었지요. 먹방이 사회적으로 나쁜 영향을 끼치고, 사고를 일으킬 위험이 있으니 당장 금지해야 할까요? 아니면 부정적인 측면이 있더라도 표현의 자유를 위해 그냥 두어야 할까요?

민주주의 사회에서는 개인의 자유도 중요하고 동시에 사회적 규제도 필요합니다. 그렇기 때문에 자유와 규제는 늘 균형을 이루어야 해요. 지나친 자유는 사회에 혼란과 위협이 될 수 있고, 지나친 규제는 인권을 억압할 수 있기 때문이지요.

그러면 자유와 규제 사이의 균형은 어떻게 결정할까요? 사람들은 생김새가 서로 다르듯 생각도 저마다 다릅니다. 그렇다고 모두 각자의 생각대로 살아갈 수는 없지요. 더불어 살아가는 사회에서는 공통된 해결책을 모색하고 때에 따라서는 다수의 의견을 따라야 할 필요도 있어요.

이때 중요한 것이 토론입니다. 토론은 서로 생각이 다른 사람들이 의견을 나누고 합리적으로 상대방을 설득하는 과정이에요. 다양한 의견을 나누고, 가장 많은 사람이 만족하는 답에 도달하여 문제를 해결하는 민주적인 방식이지요. 이 책의 주제인 자유와 규제에 관해서도 토론을 통해 필요한 답을 찾아갈 수 있답니다.

혹시 토론이라는 단어만 들어도 가슴이 답답해지는 친구들이 있나요? 내 의견을 전달하고 싶은데 어떻게 표현해야 할지 잘 모르겠다고요? 걱정하지 마세요. 나자유와 전규제의 토론 수업을 따라가다 보면 토론이 무엇인지 알고 자신감도 얻을 거예요. 이 책을 통해 우리 사회의 여러 문제들에 대해 생각해 보고 민주 시민의 자질도 키우길 바랍니다.

양서윤

민주 초등학교 토론왕은 나야, 나!

자유는 교실에 혼자 앉아 있는 규제를 보고 흠칫 놀랐어. 방과 후 수업으로 토론을 선택했는데, 하필이면 앙숙인 전규제를 마주칠 게 뭐람! 자유는 선생님이 오시기 전에 나가려고 슬그머니 자리에서 일어섰어. 그 순간, 드르륵 앞문이 열렸어.

자유는 왜 서 있니?

"나자유, 전규제? 너희 둘뿐이니? 토론 수업이 이렇게 인기가 없을 줄이야……. 그런데 자유는 왜 일어서 있니?"

"아무래도 제가 수업을 잘못 선택한 것 같아서요."

"흠…… 지금 가 봐야 다른 반은 다 마감일걸. 그러지 말고 우리 셋이 즐겁게 수업해 보자. 이 수업에서 시 교육청 주최 토론 대회에 출전할 학교 대표도 선발할 거야."

자유와 규제는 둘 다 승부욕이 강해서 선생님 말씀에 솔깃했어. 자유는 고개를 갸웃하더니 다시 자리에 앉았지. 오균형 선생님은 빙그레 웃으며 말했어.

"자, 그럼 수업을 시작해 볼까? 먼저 너희 각자의 이름이 무슨 뜻

인지는 알고 있니? 나자유, '자유'가 무슨 뜻일까?"

자유는 뜻밖의 질문에 당황하여 머뭇거리며 말했어.

"자유는…… 내 마음대로 할 권리예요. 다른 사람의 명령이나 지시에 따라 행동하는 것이 아니라 내 뜻대로 행동하는 것입니다."

선생님이 자유에게 다시 물었어.

"그럼 만약 내 뜻이 다른 사람의 뜻과 다를 때는 어떻게 해야 할까? 예를 들어 오늘 급식으로 닭튀김이 나왔어. 닭튀김은 한 사람 앞에 1개씩 배정되었는데 규제가 2개를 먹어 버려서 자유는 먹지 못했어. 이때 규제는 자신의 뜻대로 행동했으니 잘한 걸까?"

자유가 말문이 막혀 멈칫하자 규제는 고소하다는 듯 킥킥거렸

어. 자유는 규제를 노려보았지. 선생님이 규제에게 눈짓을 하고는 말을 이었어.

"자유는 나의 뜻대로 행동할 권리이지만 나의 권리만을 주장하는 것은 아니야. 나의 자유만큼 다른 사람의 자유도 중요하므로 다른 사람의 자유를 존중하고 침해하지 말아야 하지."

선생님의 말에 둘은 고개를 끄덕였어. 선생님이 이번에는 규제에게 '규제'의 의미를 물었어.

"규제는 우리가 꼭 지켜야 하는 법 또는 규칙입니다. 규제를 무시하면 질서가 무너져 세상이 혼란스러워집니다."

"그런데 만일 학교에서 폭력을 예방하기 위해 화장실에 CCTV를 설치하는 규칙을 만든다면 어떨까? 규칙으로 정했으니 무조건 따라야 할까?"

규칙은 무조건 지켜야 한다고 생각하는 원칙주의자 규제도 자신이 볼일 보는 모습을 누군가 지켜볼 수도 있다고 생각하니 선뜻 대답하기가 어려웠어.

선생님이 이번에는 규제에 대해서 설명했어.

"친구들과 재미있게 놀기 위해서는 놀이의 규칙이 필요하고, 여러 사람이 함께 생활하는 학교에서 모두가 편하게 지내기 위해서는 학교의 규칙이 필요해. 이렇게 여럿이 함께 지키기로 정한 약속이나 법을 '규칙' 혹은 '규제'라고 한단다. 규제는 공동체의 질서를 유지하는 데 꼭 필요하지만, CCTV 설치같이 인권*을 침해할 우려가 있는 경우 구성원들이 합의하여 고치거나 없앨 수 있어."

이어서 선생님은 두 사람에게 질문을 했어.

"그렇다면 우리에게 자유와 규제 중 무엇이 더 중요할까?"

"당연히 규제이지요! 학생들이 규칙을 어기고 학교에 애완동물을 가져온다면 난리가 날 거예요."

규제는 자유가 학교에 햄스터를 몰래 가져와 한바탕 소동이 일었던 사건을 떠올리며 말했어. 자유도 지지 않고 맞섰어.

"자유를 소홀히 해서는 안 됩니다. 수업 시간에 휴대 전화를 사용하지 못하도록 되어 있지만, 만일 누군가 갑자기 쓰러지면 휴대 전화로 긴급하게 119 구급대를 불러야 해요. 이런 때조차 규칙만 앞세우다가는 소중한 생명을 잃을 수도 있어요."

"두 사람 모두 적절한 근거를 들어 잘 말했어. 너희들 말대로 자유와 규제는 둘 다 중요하단다. 둘은 마치 시소와 같아서 어느 한쪽만 강조하면 균형을 잃고 기울어. 더불어 사는 사회에서는 이 두 가치가 균형을 이루도록 노력해야 하지. 이제부터 '자유'와 '규제'에 관한 주제들을 놓고 찬반 토론을 펼칠 거야. <u>토론이란 합리적으로 자신의 주장을 펼쳐 상대방을 설득하고, 상대방의 주장에 대해서는 어떤 점</u>

인권 인간으로서 당연히 가지는 기본적 권리.

이 옳고 그른지 논리적으로 반박하는 민주적인 의사 결정 방식이지. 이 점을 염두에 두고 토론을 벌여 보자꾸나. 토론 수업이 끝난 후 평가를 통해 우리 학교 토론 대표를 선발한다는 것도 잊지 말렴."

자유와 규제는 눈빛을 반짝이며 서로를 노려보았어. 각자 수업에서 상대방의 코를 납작하게 만들어 주겠다고 마음먹었지.

교내 CCTV 설치, 필요할까?

"안 들어가고 여기서 뭐 해?"

"남이야 들어가든 말든 신경 끄지."

"쳇, 토론 대표는 보나 마나 내가 될 테니까 마음 비우는 게 좋을 거야."

"뭐? 턱없는 소리! 내가 너보다 백배는 더 잘할 거거든!"

경상남도 교육청, 관할 지역 학교에 CCTV 설치

 경상남도 교육청은 지난 22일 관할 지역 내 400개 학교에 CCTV를 설치한다고 밝혔다. 경상남도 내 모든 초·중·고 및 특수 학교에 설치된 CCTV는 낡았거나 수가 부족하여 개선이 필요한 상태였다. 또한 CCTV를 기반으로 학생들의 안전을 위한 시스템도 구축한다.
 경상남도 교육청 학교 폭력 담당 장학관은 "학생들의 안전사고가 우려되는 학교 시설에 고화질 CCTV를 설치하여 사각지대˚를 최소화하고, 위급한 상황에 대처할 수 있도록 비상벨 설치 사업도 시범적으로 추진해 나갈 계획"이라고 발표했다.
 경상남도 내 초등학교는 CCTV를 통한 통합 관제 연결 사업도 실시하기로 했다. 이는 실시간 모니터링을 통해 학교 내에서 발생하는 안전사고 등을 지자체가 운영하는 통합 관제 센터와 연계˚하여 즉각적으로 대처할 수 있도록 하는 시스템이다.

△△일보 2017년 1월 25일

사각지대 관심이나 영향이 미치지 못하는 구역을 비유적으로 이르는 말.
연계 어떤 일이나 사람과 관련하여 관계를 맺음.

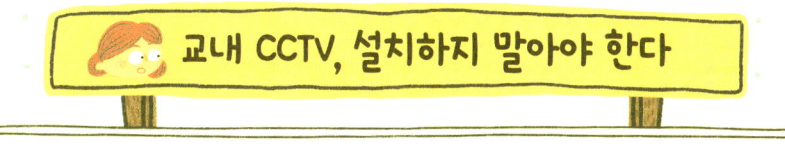

학교 화장실에 CCTV 설치해 논란

경기도의 일부 학교에서 화장실에 CCTV를 설치해 논란이 되고 있다. 경기도 교육청에 따르면 한 중학교에서 남녀 화장실 4곳에 CCTV를 각각 1대씩 설치해 1년 넘게 운영했다. CCTV에는 화장실 칸에 들어갔다 나오는 학생들의 모습이 교무실에 설치된 화면으로 그대로 송출되고 있었다.

이에 경기도 교육청은 개인 정보 보호법을 위반하고, 학생들의 인권을 침해한 행위로 여겨 시정 조치를 내렸다. 이외에도 학교 건물 내 복도 등에 녹음이 되는 CCTV를 설치한 학교에 시정 조치를 내렸으며, CCTV 안내판을 설치하지 않은 학교에는 주의 처분을 내렸다고 밝혔다.

○○신문 2013년 8월 25일

기사에서 보았듯이 예전에 경기도의 일부 학교에서 학교 폭력을 예방한다는 명목으로 화장실에까지 CCTV를 설치한 적이 있었어요. 물론 이는 매우 이례적˚인 조치로 곧 시정되었지만, 학교 폭력의 위험성이 날로 높아짐에 따라 학생 인권과 사생활 침해 논란에도 불구하고 교내에 CCTV를 설치해야 한다는 목소리가 점차 커지고 있어요. 우리 학교도 이번에 교육청의 지원을 받아 CCTV를 추가 설치하기로 했어요. 현재는 교문과 강당에만 있는데, 조만간 각 층 복도와 교실, 과학실에도 설치할 예정이에요. 자, 이제부터 화장실에 CCTV를 설치한 사례를 비롯하여 교내 CCTV 설치 문제에 대해 토론해 봅시다. 누가 찬성 입장에서 이야기할래요?

저는 교내에 CCTV를 되도록 많이 설치해야 한다고 생각합니다. 작년에 교실에서 태블릿 PC를 잃어버렸는데, 결국 찾지 못했어요. 교실에 CCTV가 있었다면 분명 찾을 수 있었을 거예요. 학교 폭력이 자주 일어나는 화장실에도 반드시 CCTV를 설치해야 한다고 봐요.

저는 교내에 CCTV를 설치하는 데 반대합니다. 화장실에 설치하는 것은 더더욱 반대하고요. 화장실에 CCTV를 설치하다니……, 생각만 해도 끔찍해요. 학교가 감옥도 아닌데 CCTV를 설치해 아이들을 감시한다는 건 있을 수 없는 일입니다.

  좋아요. 그럼 본격적으로 토론을 시작해 볼까요?

이례적 보통 있는 일에서 벗어나 특이한 것.

🧑‍🦰 학교 화장실에 CCTV를 설치하는 건 공공 화장실에 몰래카메라를 설치하는 것과 다름없습니다. 아무리 폭력 예방이 목적이라지만 화장실처럼 지극히 개인적인 장소까지 지켜보는 것은 지나친 인권 침해입니다.

🧑 몰래카메라와 CCTV의 역할이 같다고 주장하는 것은 말이 안 돼요. 선생님들이 CCTV를 몰래카메라로 쓰려고 설치하는 것이 아니잖아요. 학교 폭력은 생각보다 훨씬 심각합니다. 학교 폭력 때문에 스스로 목숨을 끊는 학생들이 해마다 끊이지 않고 있어요. 특히 밀폐된 공간인 화장실에서 폭력 행위가 자주 일어나기 때문에 화장실에 CCTV를 설치하는 것은 불가피하다고 생각합니다.

🧑‍🦰 화장실은 그 어느 곳보다 개인의 사생활이 보장되어야 하는 공간이에요. 볼일을 볼 때 화장실 문을 꼭 닫는 것도 그 때문이지요. 그런데 볼일 보는 장면을 누군가 TV로 지켜본다면 너무 창피하지 않을까요? 그리고 저는 화장실은 물론 복도와 교실에도 CCTV를 설치하지 말아야 한다고 생각해요. 학교는 학생들을 교육하는 곳입니다. CCTV로 학생들의 일거수일투족을 감시한다면 학생들은 매 순간 남의 시선을 의식하느라 제대로 교육받지 못할 거예요. 주눅이 들어 자신의 생각을 잘 표현하지 못할 수도 있고요.

🧑 교육청과 학교에서 CCTV를 설치하려는 목적은 학생들을 감시하기 위해서가 아닙니다. 언제 어디에서 일어날지 모르는 사고를 방지하고 범죄를 예방하기 위해서이지요. CCTV가 있으면 아이들은 경각심을 갖

고 나쁜 행동을 자제할 거에요.

　범죄 예방 효과가 있다고 해서 인권을 침해해도 되나요? 그리고 학생들을 시시콜콜 감시하는 것은 곧 학생들을 잠재적인 범죄자로 취급하는 것과 같아요. 규칙을 어길 가능성이 있는 몇몇 학생들을 감시하기 위해 규칙을 잘 지키는 대다수 학생들까지 CCTV로 감시하여 자유를 침해해서는 안 됩니다.

　물론 개인의 자유를 보장하는 것도 중요해요. 하지만 자유가 학교 폭력으로 희생되는 생명보다 중요하지는 않아요. 인간의 생명은 그 무엇보다 귀중하므로 가장 먼저 보호되어야 해요. 학교 내 CCTV 설치는 생명을 지키기 위한 부득이한 조치입니다.

저도 생명이 소중하다는 의견에는 동의합니다. 하지만 그렇다고 다수의 사생활을 지나치게 무시하는 것까지 정당화할 수는 없습니다. 그리고 요즘 이른바 '신상 털기'가 사회 문제로 떠오르고 있는데요. 만약 CCTV가 공개된다면 해당 학생은 물론이고 가족의 신상까지 공개되어 또 다른 피해로 이어질 수 있습니다.

그 문제는 CCTV를 잘 관리하면 해결할 수 있습니다. 이중 삼중으로 보안 장치를 하면 외부 유출을 충분히 막을 수 있어요.

CCTV 설치 비용도 문제입니다. 곳곳에 CCTV를 설치하려면 만만치 않은 비용이 들 텐데 그렇게 많이 설치해도 결국 사각지대가 생길 수밖에 없어요. CCTV 설치 비용을 차라리 학교 폭력 예방 교육과 인성 교육에 쓰는 편이 더욱 효과적이라고 생각합니다. 교육을 통해 인성을 기르는 것이 학교 폭력을 막는 근본적인 해결책이니까요.

지금도 학교에서 집단 따돌림과 폭력을 예방하기 위해 끊임없이 교육을 하지만 학교 폭력의 수위는 점점 더 높아지고 있습니다. 교육과 동시에 강력한 규제로 피해를 막아야 해요.

좋아요, 두 친구 모두 첫 토론치고는 아주 잘했어요. 인권을 지키기 위해 개인의 사생활을 보호해야 한다는 자유와 학교 폭력과 도난 사고 등의 범죄를 예방하기 위해 규제를 강화해야 한다는 규제의 의견이 팽팽하게 맞서네요. 이제 각자 주장을 마무리해 볼까요?

학교 폭력의 심각성은 인정합니다. 하지만 소수의 가해자를 찾아내기 위해 선량한 다수의 학생을 감시하는 조치는 받아들일 수 없습니다. 사회 질서를 위해 개개인의 인권을 희생해도 된다는 생각은 매우 위험합니다. 그렇기 때문에 저는 우리 학교에 CCTV를 확대 설치하는 것에 반대합니다.

개개인의 인권이 중요하다는 생각에 동의합니다. 하지만 학교 폭력으로 생명을 잃는다면 인권이 무슨 의미가 있습니까? 그렇기에 학교는 학생의 생명을 보호하고 학교 폭력을 예방하기 위한 조치를 최우선으로 취해야 합니다. 저는 우리 학교에 CCTV를 확대 설치하는 데 찬성합니다.

지금까지 우리 학교의 CCTV 확대 설치에 대한 두 사람의 의견을 잘 들었어요. 양쪽 모두 일리가 있어요. 이 문제는 여러분의 토론 내용을 바탕으로 전교생의 의견을 모아 결정하겠습니다.

평소 자기주장만 하느라 목청을 높이던 규제와 자유도 오늘만큼은 조리 있게 할 말을 다한 것 같아 뿌듯했어. 생각했던 것보다 토론이 더 재미있어서 다음 시간이 은근히 기대되었지.

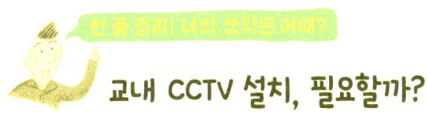

교내 CCTV 설치, 필요할까?

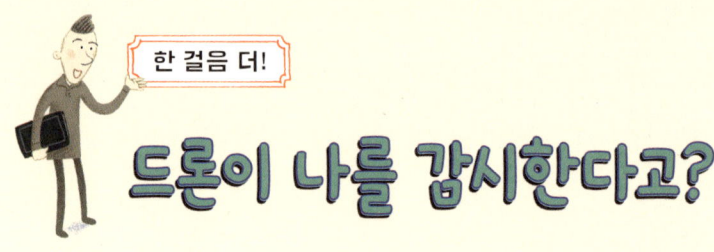

드론이 나를 감시한다고?

한 걸음 더!

과학 기술이 발전하여 드론이 보편화되면서 드론을 몰래카메라로 악용하는 사례가 발생하고 있어. 휴가철 제주도의 한 해안가에서 드론을 몰래카메라로 이용한 남성이 붙잡혔고, 해수욕장의 노천 샤워장 내부를 드론으로 촬영한 일도 있었지.

휴양지뿐 아니라 가정집도 더 이상 안전하지 않아. 오피스텔 주민이 자신의 집 창밖에서 집 안을 촬영하던 드론을 발견하고 '드론 몰카범(몰래카메라 범죄자)을 조심하세요'라는 안내문을 오피스텔 승강기에 써 붙였어. 그리고 경찰에 신고했지만 경찰은 '드론 몰카'라는 신종 범죄에 난감해했지. 현행법으로는 방공 구역*을 제외한 모든 지역에서 누구나 자유롭게 드론을 사용할 수 있기 때문이야. 드론에 카메라를 달면 안 된다는 규정도 없어서 어디를 촬영해도 제재할 수 없지.

관련 법이 마땅치 않다 보니 처벌 요건도 매우 까다로워. 드론으로 촬영한 영상물이 성적 수치심을 유발한다고 판단될 때에만 처벌할 수 있지. 가령 드론으로 나의 사생활을 촬영해도 내가 옷을 입고 있었다면 처벌할 수 없어. 그런가 하면 촬영 중인 드론을 습득해도 소유주를 알아내기가 어려

방공 구역 적의 항공기나 미사일 공격을 막기 위해 경계 근무를 서는 곳을 지리적으로 나누어 놓은 구역.

워. 드론에 지문이 남아 있다면 모를까 그렇지 않다면 경찰조차 누구의 것인지 밝히기 힘들어.

　앞으로 드론은 무수히 많은 영역에서 활용될 전망이야. 그만큼 부작용도 클 것으로 예상되지. 초소형 고성능 카메라가 장착된 드론이 우리 집 안방을 휘젓고 다닌다면 어떨까? 내 모습이 드론 조종사에게 실시간으로 생중계된다면? 상상만 해도 끔찍하지. 그러나 하루가 다르게 발전하고 있는 드론의 기술력을 감안하면 이 같은 일이 현실이 될 날도 머지않아 보여. 그러니 하루빨리 드론의 사생활 침해를 제한하는 법을 마련해야겠지?

집회와 시위, 어디까지 정당할까?

미국의 백인 우월주의 시위 뉴스 봤어? 자동차가 인종 차별을 반대하는 시위대에 돌진하더라. 너무 무서웠어.

시위 중 다친 사람도 많대. 시위는 불법인데, 왜들 그렇게 불법적이고 폭력적으로 문제를 해결하려 드는지 몰라.

야, 시위는 합법이거든. 모든 시위가 폭력적인 것도 아니고. 우리나라의 촛불 집회처럼 평화로운 시위도 있잖아.

그건 아주 드문 경우지. 대부분 시위 도중 폭력 사태가 일어나기 마련이라고.

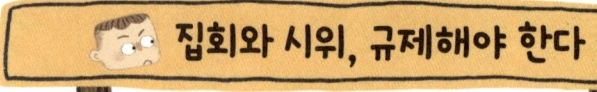
집회와 시위, 규제해야 한다

버지니아주, 백인 우월주의자 vs 반인종주의자 시위 격화

 테리 매콜리프 버지니아주 주지사가 8월 12일 비상사태를 선포했다. 버지니아주에서 백인 우월주의자와 반인종주의 시위대의 충돌로 유혈 사태가 발생했기 때문이다. 이 시위 도중 극우 백인 우월주의자로 추정되는 남성이 차를 몰고 반인종주의 시위대로 돌진해 현장에 있던 여성 1명이 숨지고 19명이 부상을 당했다.

 약 6천 명의 백인 우월주의 시위대는 검은 헬멧과 방패, 검은 깃발을 들고 행진을 벌였고, 이 소식을 접한 흑인 인권 운동 단체와 반대자들이 반대 집회를 열며 충돌이 이어졌다. 두 시위대의 맞불 시위가 폭력 사태로 확산되자 버지니아주 경찰은 공원 내 모든 시위대를 향해 최루탄을 쏘며 해산을 명령했다.

 당초 백인 우월주의 시위대는 샬러츠빌 다운타운에서 집회를 열고 행진할 예정이었지만, 충돌 양상이 심각해지면서 결국 집회는 시작도 못한 채 무산되고 말았다.

○○신문 2017년 8월 14일

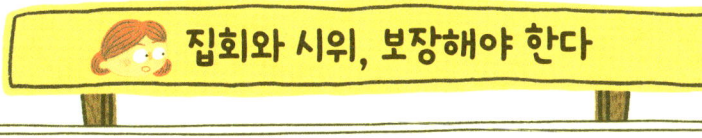

집회와 시위, 보장해야 한다

촛불 집회, 노벨 평화상 받을 수 있을까?

문재인 대통령이 2017 세계 시민상 시상식에서 "대한민국 민주주의 발전에 기여한 촛불 집회는 노벨 평화상을 받을 만하다"라고 언급하여 촛불 집회의 노벨 평화상 수상 가능성에 관심이 높아지고 있다.

서울시는 2016년 10월부터 약 4개월간 광화문 광장에서 열린 촛불 집회를 노벨 평화상 후보에 추천하는 작업을 추진하고 있다. 추천 사유로는 평화로운 집회 방법을 제시한 점, 성공한 민주주의의 모범 사례라는 점, 세계적으로 유례없이 많은 인원이 참가하였다는 점 등을 들고 있다.

△△일보 2017년 10월 2일

비록 노벨 평화상을 수상하지는 못했지만, 촛불 집회는 세계적으로 유례없는 평화 집회로 인정받았어.

🧒 뉴스에서 미국의 트럼프 대통령 반대 시위와 백인 우월주의자들의 시위를 보고 깜짝 놀랐어요. 시위대가 불을 지르고 지나가는 사람들을 마구 때리기까지 하더라고요. 이렇게 사람들에게 피해를 주는 시위를 대체 왜 하는지 모르겠어요.

👧 시위 자체가 옳지 않다는 뜻인가요? 민주주의 국가의 국민은 자유롭게 집회를 열고 참여할 수 있어요. 폭력 시위는 분명히 문제가 있지만 국민이 집회를 열고 시위를 하는 것 자체를 막아서는 안 돼요.

🧑 자유의 말대로 민주주의 국가의 국민에게는 자신의 의견과 주장을 억압받지 않고 말할 '표현의 자유'가 있어요. 표현의 자유에는 집회와 시위의 자유는 물론이고, 언론의 자유, 출판의 자유, 단체를 만들 수 있는 결사의 자유 등이 포함되죠.

🧒 집회와 시위의 자유가 있다는 건 잘 알겠어요. 하지만 뉴스에서

본 미국의 시위 현장은 흡사 전쟁터를 방불케 했어요. 시위에 참여한 사람이 자동차로 반대편 시위대에 돌진해서 사망 사고로 이어지기까지 했대요. 시위보다 중요한 것이 사람의 목숨 아닌가요?

저도 미국의 인종 차별 시위를 보고 깜짝 놀랐어요. 하지만 모든 시위가 그처럼 폭력적이지는 않아요. 광화문에서 있었던 대통령 탄핵 촛불 집회는 매우 평화적이었어요.

 탄핵 촛불 집회가 평화로웠던 것은 맞아요. 하지만 평화로운 집회도 문제가 있어요. 광화문의 길을 다 막고 교통을 통제하는 바람에 경복궁과 청계천 등 인근 관광지를 찾은 관광객들이 큰 불편을 겪었잖아요. 그렇게 혼란스러운 모습을 보고 외국인 관광객들이 우리나라를 어떻게 생각했겠어요? 저는 솔직히 부끄러웠어요.

외국인 관광객들에게 우리나라의 현실을 있는 그대로 보여 주는

것이 뭐가 부끄럽나요? 다른 사람들의 시선을 의식해서 법으로 정한 권리를 포기하라는 것은 말이 안 돼요. 폭력에 대해서도 한마디 할게요. 폭력 시위는 시위대만의 문제가 아닙니다. 경찰이 시위대를 폭력적으로 진압해서 발생하는 경우도 있어요.

아니 그럼 시위대가 무기를 들고 공포 분위기를 조성해도 경찰이 가만히 있어야 하나요?

제 말은 경찰이 먼저 최루탄이나 물대포를 쏴서 시위대를 자극하는 게 문제라는 거예요.

애초에 시위를 하지 않으면 경찰이 폭력을 쓸 일도 없죠. 경찰의 최루탄이 싫으면 시위를 하지 마세요.

그런 억지가 어디 있어요?

잠깐만요, 지금 규제는 지나치게 감정적입니다. 경찰은 집회에 참석하지 않은 다른 시민들의 안전을 위해 방어할 수 있어요. 그러나 최루탄이 싫으면 시위를 하지 말라는 발언은 문제의 본질을 흐리는 억지 논리에 가까워요. 두 학생은 이성적인 자세로 토론에 임해 주세요.

네……. 모든 집회를 법에 따라 평화적으로 진행한다면 문제가 없겠지만 미국은 물론이고 우리나라에서도 폭력 시위로 이어진 경우가 많았어요. 그로 인해 경찰차나 건물이 훼손되고, 사망 사고가 발생하기도 했어요. 집회가 언제 폭력적으로 변할지는 아무도 모릅니다. 따라서 경찰은 집회를 제한할 수밖에 없어요.

과거에 폭력적인 시위가 있었다는 점은 인정해요. 하지만 2016년

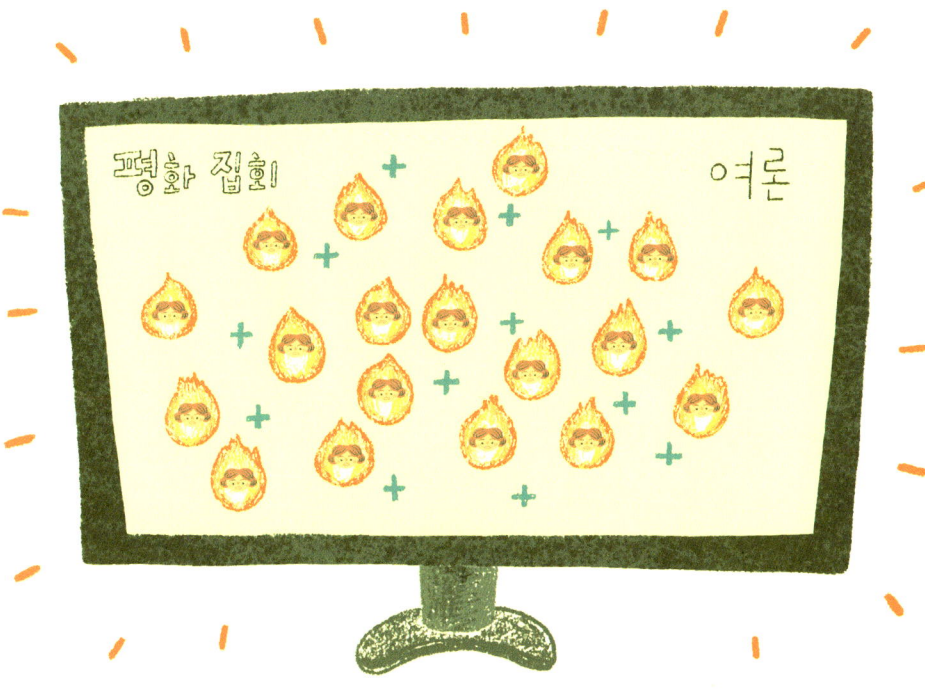

에 있었던 촛불 집회는 매우 평화적이었어요. 서울시에서 노벨 평화상 후보로 추천했던 이유도 그 때문이었죠. 국민 한 사람 한 사람이 큰 힘을 발휘하긴 어려워도, 같은 생각을 하는 사람들이 한자리에 모여서 집회를 하면 큰 힘을 만들 수 있어요. 이것이 여론이죠. 민주주의 국가에서 여론은 국가를 움직이는 원동력인데, 이를 제한하는 건 국민의 힘을 무시하는 것과 같아요.

집회의 자유를 보장하는 법이 있는 것처럼, 집회를 할 때 지켜야 하는 법도 있어요. 촛불 집회의 경우 평화적이긴 했지만 늦은 밤에 열렸고, 공공질서를 해친 사람도 있었어요. 해산하라는 경찰의 명령을 어기고 도로로 행진해서 교통을 방해한 경우도 있었고요.

잠깐, 규제의 말처럼 우리나라에는 집회를 할 때 지켜야 하는 법이 있어요. '집회 및 시위에 관한 법률'로 해가 뜨기 전이나, 해가 진 후에는 야외에서 집회 또는 시위를 하지 못하도록 정해 놓았지요. 그런데 헌법 재판소에서 자정까지 시위를 허용한다는 판결을 내렸어요. 그렇다고 집회 시간을 규정한 법률 자체가 완전히 바뀐 것은 아니에요.

저는 그 법률이 애매하다고 생각해요. 겨울에는 오후 5시만 넘어도 해가 지는데, 한여름에는 저녁 8시에도 밖이 환하잖아요. '해가 진 후'라는 모호한 문구 때문에 계절에 따라 시위를 할 수 있는 시간이 달라진다는 건 불합리해요.

법으로 저녁에 시위를 금지한 데에는 이유가 있어요. 저녁에 시위를 하면 그 주변에 사는 사람들이 소음 때문에 휴식을 취하기 어려워요. 그래서 저는 해가 진 후에는 시위를 금지하는 지금의 법이 타당하다고 봐요.

하지만 직장인이나 학생들은 평일 저녁에 열리는 시위에 참석하기 어려워요. 또 집회와 시위 말고 저녁에 열리는 행사가 많기 때문에, 집회와 시위만 금지하는 것은 공평하지 않아요. 예를 들어 새해를 맞이하는 보신각 타종 행사는 자정에 시작해요. 시민들이 거리를 메우고 다 함께 카운트다운˙을 하지요. 2002년 월드컵 때는 서울뿐 아니라 전국에서 밤새 길거리 응원을 하기도 했어요.

카운트다운 로켓을 발사하거나 무엇을 시작할 때 시작이나 발사 순간을 0으로 하고 계획 개시의 순간부터 시·분·초를 거꾸로 세어 가는 일.

보신각 타종 행사나, 월드컵은 전 국민의 뜻이 하나로 뭉친 축제입니다. 집회와 시위는 국민 모두가 찬성하는 내용이 아니에요. 오히려 정반대로 생각하는 사람들도 있지요. 대통령 탄핵 촛불 집회가 열렸을 때, 다른 한쪽에서는 대통령 탄핵 반대 태극기 집회가 열렸어요. 반대 의견을 가진 두 집단이 충돌하면 순식간에 위험한 상황이 벌어질 수 있어요. 그렇기 때문에 규제가 필요합니다. 그뿐이 아니에요. 화재의 위험성도 생각해 봐야 합니다. 2008년 숭례문이 불에 타서 소실*된 사건을

소실 불에 타서 사라짐.

떠올려 보세요. 촛불 집회가 열린 광화문 근처는 경복궁을 비롯한 수많은 문화유산이 자리한 곳인데, 이곳에 화재가 발생하면 큰일이지요.

좋아요, 두 사람의 의견은 잘 들었어요. 표현의 자유를 위해 더욱 보장할 것인가, 시민의 안전을 위해 더 규제해야 하는가, 하나를 고르기에는 무척 어려운 문제죠. 그러면 마지막으로 각자 의견을 정리해 볼까요?

우리 국민들의 의식이 더욱 성숙해진다면, 촛불 집회와 태극기 집회처럼 서로 의견이 대립하는 집회도 평화롭게 치를 수 있을 거라고 생각해요. 민주주의 국가에서 집회와 시위는 법이 정한 국민의 권리이므로 최대한 보장해야 하고, 국민 스스로 평화로운 집회와 시위 문화를 만들어 가도록 최소한의 규제 장치만 두어야 한다고 생각합니다.

저도 집회와 시위 자체를 반대하지는 않습니다. 그러나 아직까지는 집회와 시위의 위험성이 높기 때문에 규제해야 한다고 생각해요. 국민에게 집회의 자유가 있듯이 국가는 국민의 안전을 지켜야 할 의무가 있습니다.

자유와 규제 모두 흥분하지 않고 상대방의 의견에 논리적으로 대응하는 모습이 인상적이었어요. 이렇게 잘해 나간다면 누가 우리 학교 토론 대표가 될지 예측하기 어렵겠는걸요?

자유와 규제는 서로 마주 보며 의외라는 표정을 지었어. 흥분해서 각자 의견만 내세울 때는 상대방의 의견이 제대로 들리지 않았는데, 차분히 귀 기울여 듣다 보니 상대방의 논리가 꽤 일리 있다는 생각이 들었어. 앞으로는 좀 더 상대방의 말에 귀 기울여야겠다고 다짐했지.

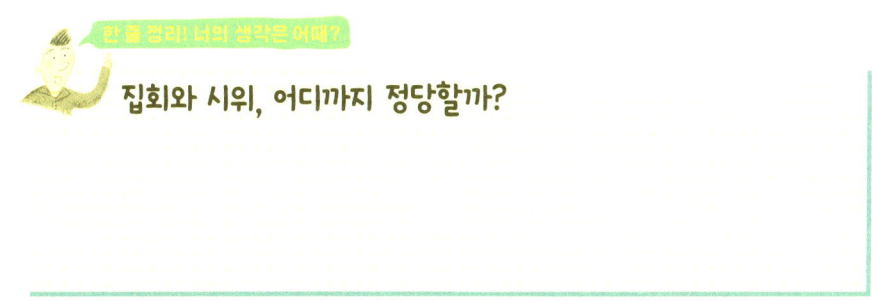

집회와 시위, 어디까지 정당할까?

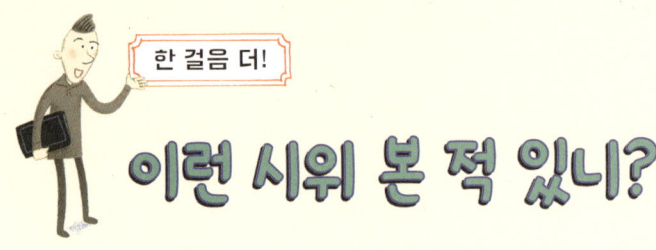
이런 시위 본 적 있니?

자신들의 뜻을 알리기 위해 벌이는 시위의 형태는 아주 다양해. 평화 시위였던 우리나라의 촛불 시위처럼 흥미로운 방식으로 관심을 모은 시위들을 살펴보자.

신발 시위

지난 2015년, 기후 변화 협약 당사국 총회가 열린 프랑스 파리의 레퓌블리크 광장에 각양각색의 신발 수천 켤레가 진열되었어. 그해 프랑스 곳곳에서 테러가 발생하여 프랑스 정부가 안전상의 문제로 시위와 행진을 금지하자, 환경 운동가들이 이에 항의하고, 기후 변화 협약 타결을 촉구하는 뜻으

프랑스 파리의 레퓌블리크 광장에서 열린 신발 시위 모습.

로 전시한 것이었지. 당시 광장에 진열된 신발은 무게만 4톤이 넘었다고 해. 프란치스코 교황과 반기문 당시 유엔 사무총장도 신발을 보내 뜻을 보탰어. 법의 테두리 안에서 자신들의 의사를 전달하기 위해 벌인 기발한 시위였지.

홀로그램 시위

2015년에 스페인에서 세계 최초로 홀로그램 시위가 열렸어. 스페인 정부가 의회와 관공서 등 공공 기관 근처에서 시위를 할 경우 높은 벌금을 부과하는 법을 만들자, '홀로그램 포 프리덤(Holograms for Freedom)'이라는 단체가 이 법안 시행에 반대하는 사람들의 이미지를 수집했어. 그리고 이 이미지로 1시간가량의 홀로그램 행진 영상을 만들었지. 영상에는 무려 2천 명이 넘는 사람들의 모습이 담겼어. 사람들이 실제로 의회 앞에 모인 것은 아니지만, 자신들의 의견을 전 세계에 알리기에는 아주 효과적이었지.

2016년, 광화문 광장에서도 홀로그램 시위가 열렸어. 이날 시위는 헌법에 명시된 집회와 시위의 자유를 보장받기 위해 기획되었단다.

집회와 시위의 자유 보장을 촉구하기 위해 국제 엠네스티 한국 지부가 기획하여 열린 홀로그램 시위 모습.

길고양이에게 먹이를 줘도 될까?

전규제, 너 아침에 이 아이들이 교문 옆에 놔둔 고양이 물통을 발로 차고 화를 냈다며? 너희 때문에 고양이가 계속 나타난다고 고래고래 소리까지 질렀다던데, 정말이니?

쟤들 때문에 고양이 똥을 밟았다고요. 지저분한 고양이들에게 자꾸 먹이를 주니까 길이 더러워지죠.

고양이한테 먹이 주는 것에 반대하면, 화를 낼 게 아니라 토론 수업에서 동생들을 설득하면 돼. 말이 나온 김에 이번 토론의 주제는 '길고양이에게 먹이를 줘도 될까'로 정하자꾸나.

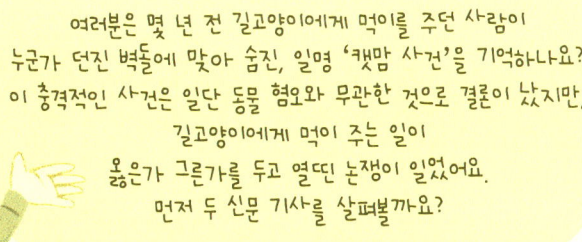

여러분은 몇 년 전 길고양이에게 먹이를 주던 사람이 누군가 던진 벽돌에 맞아 숨진, 일명 '캣맘 사건'을 기억하나요? 이 충격적인 사건은 일단 동물 혐오와 무관한 것으로 결론이 났지만, 길고양이에게 먹이 주는 일이 옳은가 그른가를 두고 열띤 논쟁이 일었어요. 먼저 두 신문 기사를 살펴볼까요?

길고양이 먹이 주던 60대 여성, 이웃에게 폭행당해

  평소 길고양이에게 먹이를 주는 문제로 이웃과 갈등을 빚어 온 30대가 말다툼 끝에 60대 이웃을 무차별 폭행하여 징역형을 선고받았다. 이 사건으로 피해자는 전치 6주의 진단을 받았다. 폭행을 휘두른 가해자는 경찰에 체포되는 과정에서 자신은 아무 잘못이 없다고 항의하며 경찰차 조수석 뒷문을 부순 것으로 드러났다.

  이 사건을 담당한 재판부는 "가해자는 피해자가 고령임에도 무차별 폭행을 행사했으며, 주변 사람들이 말렸으나 폭행을 지속한 점 등에 비추어 엄히 처벌해야 마땅하다"고 설명했다.

  길고양이에게 먹이를 주는 문제가 폭력으로 이어진 사건이 이번이 처음이 아닌 만큼, 사회적으로 관심을 갖고 정부와 지자체에서 해결책을 마련해야 한다는 목소리가 커지고 있다.

△△신문 2019년 4월 1일

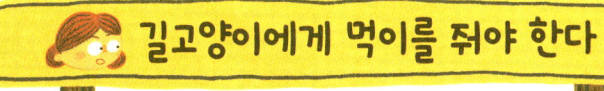

급식소 운영으로 길고양이와 공존 나선 지자체

　매년 4월, 길고양이의 출산 시기를 앞두고 서초구는 지역 내 21곳에 길고양이 급식소를 운영하기로 했다. 또한 70명가량의 전문 교육을 받은 자원봉사자를 두어 길고양이 급식소 주변을 점검한다. 이들은 급식소 청결 상태, 훼손 여부를 확인하고, 중성화가 되지 않은 길고양이를 발견하면 근처 동물 병원에서 중성화 수술을 받을 수 있도록 도울 예정이다.

　고양이에게 먹이와 휴식 공간을 제공하고, TNR 사업(길고양이 중성화 수술 사업)을 진행하여 개체 수 증가를 막음으로써 길고양이들을 안전하게 보호하겠다는 것이 구의 입장이다. TNR 사업은 포획(Trap), 중성화(Neuter), 방사(Return) 세 단계로 이뤄지며 단계별 영문 머리글자를 따서 'TNR'이라 약칭한다.

　서초구는 앞으로 길고양이 민원이 많은 지역을 중심으로 길고양이 급식소 운영 사업을 점차 확대해 나갈 계획이라고 밝혔다.

○○일보 2019년 4월 9일

저는 길고양이에게 먹이를 주는 것에 반대해요. 길고양이는 시끄럽고 더러운데, 대체 왜 돌보는지 모르겠어요.

길고양이도 애완 고양이처럼 사람들이 돌봐 주어야 하는 엄연한 생명이에요. 저는 먹이를 주는 것에 찬성하는 입장입니다.

좋아요, 그럼 지금부터 토론을 시작해요. 특히 규제는 3학년 학생들도 납득할 수 있도록 자신의 의견을 쉽게 설명해 주길 바라요.

아까 고양이 물통을 발로 찬 것은 잘못했어요. 고양이 똥을 밟고 너무 화가 나서 그만……. 길고양이들이 밤마다 울어서 신경 쓰이던 차에 새로 산 운동화를 신고 온 날 고양이 똥까지 밟아서 잠시 이성을 잃었어요. 애들아, 미안해!

폭력적인 행동으로 동생들을 겁주고 말로만 대충 때워서야 되겠어요? 저는 규제의 행동이 폭력배들의 행동과 다르지 않다고 생각합니다. 왜냐하면…….

말이 너무 심한 거 아냐? 내가 아이들을 위협하거나 때린 것도 아닌데 폭력배라니!

전규제 학생, 진정해요. 아무리 감정이 상했어도 상대의 말을 끝까지 듣고 반박해야지요. 나자유 학생도 토론 주제와 상관없는 자극적인 표현은 삼가도록 해요.

네, 주의하겠습니다. 배고픈 고양이에게 물과 먹이를 주는 행동은 생명을 보호하기 위한 최소한의 조치예요. 고양이에게 먹이 좀 준다고 피해를 입는 것도 아닌데 왜 그렇게 반대하는지 이유를 모르겠어요.

🐱 피해를 입지 않는다고요? 그렇지 않아요. 고양이는 사람에게 해를 끼쳐요. 첫째, 음식물 쓰레기를 마구 뒤져서 거리를 더럽혀요. 둘째, 똥이나 오줌을 아무 데나 누어서 거리에 악취를 풍겨요. 셋째, 밤 늦게까지 울어서 잠을 설치게 해요. 이처럼 단순히 먹이 문제뿐 아니라 사람에게 직접적인 피해를 끼치기 때문에 길고양이를 혐오하는 사람들이 생겨나는 거에요.

👧 고양이들이 사람을 괴롭히기 위해 일부러 냄새를 풍기거나 쓰레기를 뒤지는 게 아닙니다. 먹이를 찾는 자연스러운 행동이지요. 사람들이 길고양이에게 먹이를 준다면 이런 문제는 쉽게 해결될 거에요.

🐱 길고양이는 주인이 없는 야생 고양이입니다. 야생 고양이의 본성은 스스로 사냥하는 것인데, 왜 사람이 먹이를 주고 길들여서 집고양이

처럼 만들려고 하나요? 도시가 아닌 산이나 들과 같은 곳으로 보내 쥐를 잡아먹게 해야죠. 사람이 길고양이의 밥을 챙겨 주는 것은 오히려 야생 고양이의 본성을 망치는 일이라고 생각해요.

요즘은 들보다 도시가 훨씬 많아요. 당장 우리 학교 주변만 해도 길고양이가 먹이를 구할 수 없는 아파트와 상가가 대부분이에요. 캣맘들은 이런 환경에서 길고양이들이 굶어 죽을 것을 염려해 먹이를 주기 시작한 거예요. 그런데 요즘은 고양이를 혐오하는 사람들 때문에 몰래몰래 먹이를 준다고 해요. 차라리 길고양이에게 먹이 주는 공간을 공식적으로 만들면, 길고양이가 쓰레기를 뒤지지 않아 주변 환경이 깨끗해지고, 길고양이도 굶지 않을 거예요.

세상에 밥을 먹지 못하는 결식아동이 얼마나 많은지 아세요? 차라리 결식아동에게 음식을 나눠 주는 게 낫지 않을까요? 고양이 목숨이 사람 목숨보다 중요하지는 않잖아요.

야, 내가 언제 고양이 목숨이 사람 목숨보다 더 중요하다고 했냐? 선생님, 규제가 제 말을 이상하게 바꿨어요.

잠깐, 토론을 멈추세요. 지금 자유는 고양이의 생명에 대해서 이야기하는데 규제는 사람의 목숨이 고양이의 목숨보다 더 중요하다는 말로 응수˙했어요. 이처럼 상대방의 발언을 몇 단계 뛰어넘어 과장하는 경우를 '논리의 비약'이라고 해요. 그리고 나자유 학생, 상대방이 논리의 비

응수 상대편이 한 말이나 행동을 받아서 마주 응함.

약을 했다고 토론 중에 '야'라고 부르거나 반말을 해서는 안 돼요. 상대방에 대한 예의를 지켜 주세요.

🧒 규제가 제 말을 곡해*해서 저도 모르게 흥분했어요. 죄송합니다. 고양이도 소중한 생명인데, 주인이 없다고 해서 굶어 죽게 내버려 두는 것은 학대라고 생각합니다. 그러니까 일정한 장소를 정해서 먹이를 주고 돌보자는 겁니다.

🧑 세상에는 고양이를 좋아하는 사람들도 있지만 싫어하는 사람들

곡해 사실을 옳지 아니하게 해석함.

도 많습니다. 자유의 말처럼 길고양이를 잘 돌보면 개체 수가 늘어나 피해 사례도 더 많아질 거예요. 그러면 고양이를 혐오하는 사람들도 더욱 늘 겁니다.

돌보는 일은 먹이 주는 것만을 뜻하지 않아요. 아까 선생님께서 보여 주신 기사처럼 TNR 사업을 통해 중성화 수술을 하면 새끼를 낳지 못하므로 개체 수가 많이 늘어나지 않을 거예요.

이미 길고양이 수가 너무 많습니다. 중성화 수술만으로 개체 수를 줄이려면 시간이 오래 걸려요. 우선 일부 길고양이를 잡아서 안락사시키고, 남은 고양이들은 중성화 수술을 시켜야 한다고 생각해요. 고양이 수가 줄어들면, 피해를 입는 사람이 줄어들고, 그에 따라 고양이를 미워하는 사람도 줄 거예요.

고양이가 밤에 울거나 거리를 더럽혀 사람들에게 불편을 끼친다는 이유로 죽이는 건 너무 잔인합니다. 사람들이 힘을 합쳐 돌보면 쉽게 개선할 수 있을 거예요.

좋아요, 두 사람의 입장은 잘 들었어요. 고양이에 대한 감정이 서로 달라서 조금 흥분했는데, 앞으로는 더 차분하게 토론하도록 노력해 보세요. 오늘 수업에 참여한 3학년 학생들은 어땠나요?

처음에는 규제 오빠가 나쁜 사람이라고 생각했어요. 하지만 생각해 보니 저도 밤중에 고양이 울음소리가 무서워 엄마 아빠랑 함께 잔 적이 있어요. 고양이를 무서워하거나 싫어하는 사람이 있을 수 있다는 걸 알게 됐어요.

저는 굶는 고양이가 불쌍했지만, 밥을 굶는 결식아동에 대해선 생각해 보지 못했어요. 고양이를 돌보는 일도 좋지만, 어려운 이웃도 살펴야 한다는 생각이 들었어요.

우리처럼 길에서 몰래 고양이에게 먹이를 주기보다 장소를 정해 먹이를 주면, 길거리가 깨끗해져 고양이에게 좋은 감정을 갖는 사람이 늘어날 것 같아요. 자유 언니 말대로 고양이 쉼터를 마련하면 좋겠어요. 그리고 토론은 어렵다고만 생각했는데 뜻밖에 재미있었어요.

3학년 학생들이 평가를 잘했어요. 재판에 참여하여 양쪽의 의견을 듣고 평결*을 내리는 사람을 '배심원'이라고 해요. 우리나라도 일부 재판에서 배심원 제도를 채택하고 있어요. 우연한 기회였지만, 3학년 친구들이 배심원 역할을 한 것 같아 더욱 의미가 있었어요. 이제 두 사람도 각자 생각을 정리하세요.

아까 제가 했던 행동이 잘못되었다는 것을 알았어요. 이번 토론을 통해 고양이가 배가 고파 어쩔 수 없이 쓰레기를 뒤졌다는 사실도 알았고요. 앞으로는 고양이도 생명임을 기억하고 괴롭히지 않도록 노력할게요.

저는 사람들이 이유 없이 고양이를 싫어한다고 생각했는데, 규제의 말을 듣고 보니 그 마음이 조금 이해되었어요. 앞으로는 사람과 길고양이의 공존을 돕는 단체들이 많이 생기면 좋겠어요.

평결 평론하거나 평가하여 결정함.

토론을 마치고 규제는 3학년 아이들에게 다시 한번 사과했어. 그리고 앞으로는 길고양이에게 좀 더 관심을 기울이겠다고 했지. 세 동생들은 규제의 사과를 흔쾌히 받아들이고 토론 수업에 참여하게 되어 정말 즐거웠다고 말했어. 규제의 말썽으로 시작된 토론이었지만 서로를 이해하고 화해하는 기회가 돼서 모두들 흐뭇했어.

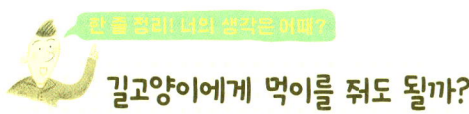

길고양이에게 먹이를 줘도 될까?

한 걸음 더!

길고양이, 동물원의 식구가 되다!

우리나라에서 가장 큰 동물원인 서울 대공원 동물원에 놀랍게도 길고양이 51마리가 살고 있어. 서울 대공원 동물원은 2017년 7월에 고양이를 동물원의 일원으로 인정하고 마이크로 칩을 삽입하여 직접 관리하겠다고 밝혔어. 그 후 길고양이를 체계적으로 관리하고 있단다.

이 고양이들은 어떻게 동물원에 살게 되었을까? 2016년 12월, 전국에 조류 인플루엔자(AI)가 발생했어. 때마침 동물원에 살던 황새 2마리가 죽었는데 AI에 감염되었을 가능성이 제기되었지. 이 때문에 서울 대공원 동물원은 3개월 넘게 문을 닫았고, 이 시기에 동물원을 드나들던 고양이 51마리에게 중성화 수술과 백신 접종 등을 진행했어. 고양이들을 통해 전염병이 확산되는 것을 막기 위한 조치였는데, 그 후로도 고양이들을 계속 관리하기로 결정한 거야.

이후 서울 대공원 동물원은 51마리 외에도 동물원 안에 사는 모든 고양이에게 백신 접종, 구충제 투약, 건강 검진 등을 실시했어. 또한 중성화 수술을 한 수컷 5마리와 정관 절제 수술을 한 수컷 5마리에게 위치 추적기를 부착하여 활동 반경을 비교하고 번식에 대해 연구하고 있지.

천덕꾸러기 취급을 받던 길고양이들이 어엿한 동물원의 식구로 인정받고 생태 연구에도 도움을 주고 있다니 참 흥미롭지?

게임 셧다운 제도, 필요할까?

너희들 여기서 뭐하니?

안녕하세요, 선생님. 지난번 토론 수업이 너무 재미있어서요. 오늘도 구경하면 안 될까요?

우리 토론 수업에 배심원이 생기다니, 대환영이야. 국민 참여 재판처럼 배심원들이 양쪽의 의견을 듣고 판결하면 더 좋지. 자유와 규제도 찬성하니?

"네, 아무래도 지켜보는 사람들이 있으면 더욱 열심히 할 것 같아요."

"귀엽고 착한 동생들은 언제든 환영이에요."

좋아요, 오늘은 게임에 대해 토론해 봅시다! 전 세계적으로 게임 중독은 큰 문제예요. 세계 보건 기구(WHO)가 2022년부터 게임 중독을 공식 질병으로 지정하기로 한 것도 그 때문이지요. 우리나라는 청소년의 게임 중독을 예방하기 위해 밤 12시~새벽 6시까지 16세 미만 청소년의 PC 온라인 게임 접속을 막는 '게임 셧다운 제도'를 시행하고 있어요. 이 제도는 2년마다 평가하여 연장 여부를 결정하는데, 2019년 내에 재평가 결과가 나올 예정이에요. 이번에는 PC뿐 아니라 모바일에도 게임 셧다운 제도를 도입할지 결정해요. 그런데 이 제도가 개인의 권리를 침해하고 게임 산업 발전을 막는다는 의견이 있습니다. 게임 셧다운 제도의 필요성에 대한 긍정·부정 기사부터 살펴볼까요?

게임 셧다운 제도, 유지해야 한다

게임 중독으로 인한 범죄, 끊이지 않아

 2018년 8월, "컴퓨터 게임 좀 그만하라"며 노트북을 빼앗은 엄마를 죽인 아들이 징역 7년을 선고받았다. 아들은 지적 장애가 있고 조현병을 앓고 있어 의사 결정 능력이 떨어지는 심신 미약 상태였다는 변호인 측의 주장이 받아들여져 감형되었다.

 이러한 게임 중독 범죄는 하루 이틀 일이 아니다. 2011년에도 중학생 B군이 게임하는 것을 나무란 어머니를 죽인 뒤 스스로 목숨을 끊은 사건이 있었다. B군은 "엄마가 게임을 못 하게 해 화가 나서 이런 일을 저질렀다. 죄송하다"라고 짤막한 유서를 남겼다.

 지난 2016년에도 게임에 중독된 14살 A군이 피시방 요금을 안 준다며 장애인 아버지를 죽인 사건이 있었다. A군은 1년 동안 피시방에 900번 가까이 드나들었고, 게임비를 받기 위해 상습적으로 아버지를 때리고 돈을 훔쳤다.

 이처럼 게임 중독으로 인한 범죄가 잇따르면서, 게임 중독을 예방할 수 있는 근본적인 대책 마련을 촉구하는 목소리가 커지고 있다.

○○일보 2019년 3월 24일

조현병 사고, 감정, 행동 등 여러 측면에서 이상 증상을 보이는 정신 질환.

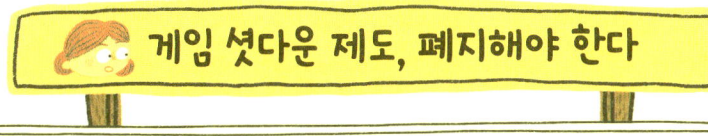

한류 콘텐츠 수출 이끄는 게임 산업 규제, 이대로 괜찮을까?

한국 콘텐츠 진흥원이 '2018년 상반기 콘텐츠 산업 동향 분석 보고서'를 발간했다. 이에 따르면 2018년 상반기 콘텐츠 수출액은 34억 4917만 달러였으며, 이 가운데 게임 산업 수출액은 21억 4321만 달러를 기록했다. 이는 전체 콘텐츠 수출액의 62.1%를 차지하는 금액이다. 이 보고서는 게임 산업이 우리나라의 콘텐츠 수출을 주도하고 있다고 평가했다. 특히 일부 게임은 전 세계 회원 수가 6억 명을 돌파하면서 한류 전도사 역할을 톡톡히 해낸 것으로 드러났다.

이에 따라 게임에 대한 부정적인 편견을 키우는 게임 규제를 완화해야 한다는 목소리가 커지고 있다. 게임 업계 관계자는 청소년의 게임 중독 예방을 이유로 지난 2011년 시행된 '게임 셧다운 제도'가 게임 발전을 저해하는 요소 중 하나라고 지적하며, 게임 발전을 위해서라도 기존 규제들을 완화하고 업계가 자율적으로 규제를 만들어 가는 방향으로 정책을 전환해야 한다고 밝혔다.

△△신문 2019년 1월 7일

🧑 저희 삼촌이 게임 회사에 다니는데 게임에 대한 규제가 심해서 일자리가 줄고 있다고 여러 번 말씀하셨어요. 저는 게임 셧다운 제도를 반대하는 쪽에서 토론하고 싶어요.

🧑 우리 반에도 게임 중독에 빠진 아이들이 많아요. 그러니 전국적으로 보면 어마어마하겠지요. 당연히 게임 셧다운 제도를 유지해야 합니다. 저는 게임 셧다운 제도를 찬성하는 쪽에서 토론할게요.

🧑 좋아요. 두 학생은 각자 선택한 쪽의 견해를 논리적으로 전개해 주세요. 배심원 학생들은 양쪽의 주장을 잘 듣고 마지막에 의견을 말해 봐요. 자, 그럼 전규제 학생부터 이야기해 볼까요?

🧑 제 친구들은 하루 종일 게임 생각만 하고, 틈만 나면 스마트폰으로 게임을 해요. 친구들끼리 대화할 때도 거의 게임 이야기만 한다니까요. 이런 게 게임 중독이 아니고 뭐겠어요? 그런 애들이 한심해 보여서 저는 아예 게임을 안 합니다.

🧑 전규제 학생은 친구들이 정말 하루 종일 게임만 생각하는지 직접 확인했나요? 저도 게임을 즐겨 하지만 숙제도 잘하고, 잠도 잘 자요. 어떨 때는 게임을 계속 하고 싶지만 꾹 참고 컴퓨터를 꺼요. 게임을 좋아하는 사람 중에는 저처럼 조절을 잘하는 사람도 있습니다.

🧑 지금은 절제를 잘해도 언제 게임 중독에 빠질지 모르는 거예요. 하물며 어른들도 게임 중독에 빠지는데 상대적으로 절제 능력이 떨어지는 어린이와 청소년이 게임 중독을 피해 가기란 쉬운 일이 아닙니다. 따라서 게임 셧다운 제도는 반드시 유지해야 합니다. 만일 이 제도를 폐지

하면 밤새도록 게임을 하다가 학교에 지각하는 학생들도 많이 생길 거예요.

삼촌한테 들었는데, 미국의 캘리포니아주에서도 게임 셧다운 제도를 시행했지만 2011년에 폐지했대요. 그뿐 아니라 스웨덴, 중국도 게임 셧다운 제도를 없앴어요. 꼭 필요한 제도라면 왜 폐지했겠어요? 효과가 작으니까 없앤 거죠. 저는 이 제도가 개인의 자유를 침해한다고 생각해요. 청소년도 자신의 행동을 자율적으로 조절하고 결정할 수 있습니다. 그럼에도 불구하고 법으로 강제하는 것은 청소년의 자기 결정권을 무시하고 침해하는 처사나 다름없어요.

외국의 사례를 우리나라에 똑같이 적용할 필요는 없어요. 청소년들의 절제 능력도 문제이지만 우리나라에 피시방이 너무 많아 게임을 접하기 쉽고, 중독되기 쉽다는 것도 문제예요. 그러므로 우리나라의 상황을 고려한 법이 필요하지요.

전규제 학생의 말도 일리가 있습니다. 하지만 규제가 오히려 법을 위반하게 만들어요. 밤에 게임을 하려고 부모님의 주민 등록 번호로 회원 가입을 하는 사례가 많다고요. 만약 게임 셧다운 제도가 없었다면 이런 불법을 저지를 일도 없었겠지요. 진짜로 게임 중독을 예방하기 위해서는 법으로 규제할 게 아니라, 교육을 통해서 다른 일에 흥미를 갖도록 이끌어야 해요.

부모님의 주민 등록 번호를 도용할 정도면 정말 심각한 중독 상태 아닌가요? 이런 경우까지 방지할 수 있도록 법을 더욱 엄격하게 적용해야 한다고 생각합니다. 술, 담배는 중독성 때문에 청소년에게 판매를 금지해요. 게임도 똑같아요. 세계 보건 기구에서 질병으로 인정했을 만큼 중독의 우려가 크기 때문에 제재와 처벌을 강화해야 합니다.

질병이라면 치료를 해야지요. 병에 걸려 아픈 사람에게 벌을 준다는 게 말이 됩니까?

그럼 법을 어겨도 처벌하지 말자는 건가요? 옳은 일과 옳지 않은 일을 구별하지 못할 정도로 게임에 빠진다면 아예 게임 자체를 없애는 편이 나을지도 몰라요.

게임을 없앤다고요? 그건 불가능할 뿐더러 전 세계적으로 인기 있는 우리 게임 산업을 망가뜨리겠다는 말과 다름없어요. 한류가 매우 유행하고 있습니다. 게임도 그중 한 부분이고요. 실제로 게임 셧다운 제도 때문에 게임 산업이 더 발전하지 못한다는 목소리도 있어요.

우리나라 게임이 전 세계적으로 인기 있다는 근거가 있나요? 근거도 없는 말을 어떻게 믿지요?

게임 개발자인 우리 삼촌이 한 말이니까 맞아요!

나자유 학생, 토론을 할 때는 정확한 근거를 토대로 주장해야 합니다. 정확한 근거를 대지 못하면, 그 주장은 설득력이 떨어져요. 앞서 기사에서 보았듯이 2018년 상반기 콘텐츠 수출액 중 게임 수출액의 비중이 62.1%를 차지할 정도로 널리 수출되고 있어요. 앞으로는 이처럼 확실한 근거를 바탕으로 주장해 주세요.

네, 알겠습니다. 어쨌든 게임이 전 세계적으로 높은 인기를 누리고 있는 것은 사실입니다. 그러니 게임을 좋아하는 청소년들이 유망 직종인 게임 업계에서 일할 수 있도록 게임 산업을 더욱 발전시켜야 합니다. 지금은 게임 셧다운 제도 때문에 '게임은 나쁘다'는 인식이 강해서 게임을 하는 모든 사람들을 따가운 시선으로 바라봐요. 청소년들이 게임을 하며 새로운 게임을 만들 꿈을 키워야 미래의 게임 산업이 발전할 수 있습니다. 장차 게임 산업을 이끌어 갈 사람은 지금의 청소년들이니까요.

게임을 하면서 꿈을 키운다는 말에는 동의합니다. 하지만 왜 한밤중에 게임을 하죠? 게임 셧다운 제도는 하루 종일 게임을 못 하게 하는 제도가 아니라, 밤 12시~새벽 6시까지만 못 하게 하는 제도예요. 그

시간은 어린이와 청소년이 잠을 자며 내일을 준비해야 하는 시간입니다. 이 시간까지 굳이 게임을 할 필요는 없다고 봐요. 낮에만 해도 충분합니다.

전규제 학생의 말도 일리는 있습니다. 하지만 우리나라 학생들은 대부분 학교가 끝나면 학원에 가요. 학원에서 10시까지 수업을 듣고, 집으로 돌아와 씻거나 간식을 먹으면 11시가 다 되지요. 그 뒤에는 숙제를 해야 해요. 숙제를 끝내고 게임할 때쯤 되면 12시가 넘는데 이때는 게임 셧다운 제도 때문에 게임을 할 수 없지요.

킥킥, 나자유 학생은 그게 말이 된다고 생각합니까? 모든 학생이 10시까지 학원을 다니는 것도 아닌데 그런 이유로 법을 폐지할 수는 없어요. 그리고 요즘은 낮에 스마트폰으로 얼마든지 게임을 할 수 있어요. 게임 셧다운 제도는 게임의 폐해를 막는 최소한의 장치입니다. 이 제도마저 없으면 아이들이 밤낮 가리지 않고 게임을 해서 게임 폐인이 우후죽순*으로 생겨날 거예요.

나자유 학생, 개인의 일정 때문에 나라의 법을 없애라는 것은 논리적이지 않아요. 그리고 전규제 학생, 상대방의 발언을 비웃는 건 예의에 어긋나는 행동입니다. 사과하도록 해요.

아, 미안해요. 저도 모르게 그만……. 앞으로 조심하겠습니다.

규제의 사과를 받아들일게요. 아이들이 게임을 하는 이유는 게임 말고 할 일이 별로 없기 때문이기도 해요. 운동을 하고 싶어도 운동할 공간이 없고, 춤을 추거나 노래를 부르고 싶어도 방법을 잘 몰라요. 그러다 보니 어쩔 수 없이 컴퓨터나 스마트폰으로 게임을 하면서 시간을 보내는 거예요. 게임을 규제하기 전에 먼저 어린이들이 다양한 취미를 즐길 수 있는 환경을 만들어 줘야 한다고 생각해요. 다른 취미 활동을 하다 보면 게임에 몰두하는 시간이 자연히 줄어들게 될걸요.

그 의견에는 동의해요. 저도 발야구를 하고 싶지만 동네에 운동장이 없어서 못 해요. 스케이트보드도 타고 싶은데 마땅히 탈 곳이 없

우후죽순 비가 온 뒤에 여기저기 솟는 죽순이라는 뜻으로, 어떤 일이 한때에 많이 생겨남을 비유적으로 이르는 말.

고요. 하지만 그렇다고 게임 셧다운 제도부터 없애는 것에는 반대해요. 아이들이 다양한 취미를 가질 수 있는 환경을 조성한 다음에 법을 바꿔야지, 대안을 마련하지도 않고 법부터 없애면 더 혼란스러워질 뿐입니다.

자, 열띤 토론 잘 들었습니다. 어린이 배심원들도 잘 들었나요? 5학년 선배들의 토론에 대한 소감을 말해 볼까요?

우리 오빠가 게임 개발자가 되기 위해 매일 게임하는 거라고 말했을 때 믿지 않았어요. 지금까지 게임은 나쁘다고만 생각했거든요. 그런데 이번 토론에서 우리나라의 게임을 해외에 수출하고 있다는 사실을 알고 놀랐어요. 우리 오빠도 커서 게임 발전에 기여하면 좋겠어요.

저는 나자유 언니 말에 동의해요. 저도 영어, 수학 등 여러 학원을 다니는데 집에 오면 11시가 다 돼요. 제 친구들도 그렇고요. 그러니 일과가 끝난 밤에도 게임을 할 수 있으면 좋겠어요.

엄마가 게임을 하지 말라고 해서 화가 났는데, 술이나 담배처럼 게임에 중독될 수 있다는 사실에 놀랐어요. 앞으로는 게임을 조금만 할래요.

우리 배심원들이 꽤 열심히 들었네요. 자유와 규제도 근거 없는 주장을 하거나, 상대방을 비웃은 부분을 빼면, 비교적 의견을 잘 밝혀 주었어요. 다음번 토론에서는 각자 실수한 부분에 대해 주의하길 바라요.

규제는 평소 앙숙이던 자유와 눈이 마주치자 쑥스러워 웃었어. 자유도 웃음이 터졌지. 둘은 차분하게 앉아서 토론을 들어 준 3학년 동생들이 무척 기특하고 고마웠어. 그리고 몇 번의 토론을 통해 생각도 제법 성숙해진 것 같아서 뿌듯했어.

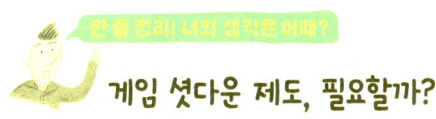
게임 셧다운 제도, 필요할까?

너무나 위험한 게임 중독 치료

중국 산둥성에서 인터넷·게임 중독 치료 센터를 운영하는 한 정신과 의사가 아주 위험한 치료를 했다고 해. 그 의사는 자녀가 인터넷과 게임에 빠졌다고 판단한 학부모를 설득하여 자신의 병원에서 치료를 받게 했는데, 제보자들의 증언과 매체의 보도에 따르면 이들에게 1~5밀리암페어의 전기 충격을 가하는 치료법을 시행했다는 거야. 이 정도면 수많은 바늘이 머리를 찌르는 듯한 통증이 생기고, 심할 경우 경련까지 일어난다고 해. 생명을 위협할 정도는 아니지만 고통을 안길 만큼의 충격이지. 이외에도 바늘에 와이어를 연결하여 엄지손가락을 찌르고 전기 충격을 가했어. 초콜릿을 먹거나, 화장실 문을 잠그거나, 식사 전에 약을 복용하거나, 허락 없이 의사의 의자에 앉는 등 시설의 규칙을 어긴 경우에도 전기 충격을 가했다고 해. 그뿐만이 아니야. 환자나 부모의 동의 없이 항정신성 약물을 몰래 먹이고 식이 보조제라고 속이기까지 했단다.

2009년 이후 중국 위생부가 전기 충격 요법을 금지하라는 조치를 취했지만 그 후로도 강도가 약한 전기 충격 요법을 계속 시행했어. 수천 명의 청소년들이 피해를 입었는데, 2009년까지 3천여 명, 2016년 이후 6천여 명이 이 끔찍한 치료의 희생양이 되었지.

게임 중독도 무섭지만, 이같이 위험천만한 치료는 더욱 섬뜩하지 않니?

게임을 좋아하는 것과 중독은 엄연히 달라. 중독은 병의 단계이지. 세계 보건 기구는 게임 통제 능력을 잃고 일상생활보다 게임을 중요하게 여기며 12개월 이상 게임을 지속하면 게임 중독이라고 보고 있어. 게임 중독이 되지 않도록 항상 자신의 상태를 점검하고 관심사를 넓히도록 노력해야 해.

교내 스마트폰 사용 금지, 필요할까?

교내 스마트폰 사용 금지 법안 통과 요구하는 청원 올라와

　프랑스 정부는 2018년 9월부터 초·중등생이 교내에서 휴대 전화를 사용하는 것을 금지한다고 밝혔다. 우리나라에서도 학생들이 교내에서 스마트폰을 사용하는 것이 매번 문제가 되어 왔다. 이런 와중에 10대 학생들이 학교에서 스마트폰을 사용하지 못하도록 법을 만들어 달라는 청원이 올라와 화제다.

　'초·중등학교 내 스마트폰 사용 금지 청원'이라는 제목으로 한 네티즌이 제기한 이 청원은 교내에서 스마트폰을 사용하는 행동이 수업을 방해하고, 스마트폰 사용으로 인해 학생들이 사이버 폭력과 유해 사이트 등에 노출되는 등 많은 문제가 발생한다고 밝히며, "유해성으로부터 아이들을 보호할 수 있도록 교내 스마트폰 사용 금지 법안을 통과시켜 달라"고 강조했다.

　한편, 우리나라는 '스몸비(스마트폰+좀비)'라는 신조어가 등장할 정도로 스마트폰 사용량이 많으며, 한 통신 회사의 조사 결과에 따르면 초등학교 6학년생의 스마트폰 이용율은 96%에 달했다.

○○일보 2018년 8월 24일

학생들의 스마트폰 압수, 이대로 괜찮을까?

일선 중·고등학교에서 학생들의 스마트폰을 비롯한 소지품 검사와 압수에 따른 문제점이 지속적으로 발생하고 있다.

청소년 인권 행동 아수나로는 서울 지역 중·고등학생 1042명을 대상으로 학교에서 소지품을 압수당한 경험에 관해 설문 조사한 결과를 공개했다. 조사에 따르면 참가자 중 약 90%인 938명이 '소지품을 압수당한 경험이 있다'고 대답했다. 압수 품목은 화장품(82%), 휴대 전화(73%), 액세서리(51%) 등이었다.

아수나로의 한 관계자는 "서울시 학생 인권 조례 13조는 '학생과 교직원의 안전을 위해 긴급하게 필요한 경우가 아니면 학생 동의 없이 소지품을 검사하거나 압수해서는 안 된다'고 나와 있다"며 "대부분의 압수 물품들은 긴급하게 안전을 위협한다고 볼 수 없다"고 밝혔다.

이들은 설문 조사 결과를 서울시 교육청 인권 교육 센터에 제출하여 시 교육청 차원의 조사와 대책 마련을 요구할 예정이다.

△△신문 2017년 7월 26일

🧑‍🦰 학교에서 개인 소지품인 스마트폰을 압수하는 것은 자유를 침해하는 행동이라고 생각해요. 스마트폰을 꺼 두면 본인이 보관해도 문제될 게 없습니다. 저는 학교에서 스마트폰을 압수하는 것에 반대합니다.

🧑 학교에서 스마트폰을 가지고 있으면 공부에 방해가 되니, 수업을 시작하기 전에 스마트폰을 걷어 교무실에 보관하는 것이 좋다고 생각해요. 가지고 있으면 자꾸 꺼내 보고 싶고, 벨소리라도 울리면 반 전체가 피해를 입잖아요. 저는 학교에서 스마트폰을 압수하는 것에 찬성합니다.

🧑 자, 그럼 각자 입장을 정했으니, 토론을 시작해 볼까요?

🧑‍🦰 우리 학교는 교내에서 스마트폰을 꺼 두면 되지만, 저희 오빠네 학교는 학생들의 스마트폰을 걷어서 교무실에 보관해요. 스마트폰은 개인의 소지품인데 압수하는 것은 너무 심해요. 스마트폰이 무기나 청소년 유해 물품도 아니잖아요. 서울시 교육청의 학생 인권 조례에서 스마트폰 압수를 금지했다니 다행이에요.

🧑 학교에서 스마트폰을 압수하는 것은 다른 목적이 있는 게 아니에요. 학생들이 수업 시간에 몰래몰래 사용하니까 어쩔 수 없이 내린 조치이지요. 우리 학교에도 수업 중에 스마트폰을 몰래 사용하는 애들이 있어요.

🧑‍🦰 수업 시간에 스마트폰을 사용하는 것은 분명 잘못된 행동입니다. 하지만 그런 행동을 하는 애들은 극히 일부일 뿐이에요. 대다수 아이들은 규칙을 잘 지키고 있다고요. 문제를 일으키는 몇몇 학생들을 지도하기 위해 전교생의 스마트폰을 압수하는 것은 지나치다고 생각해요.

🧑 한두 명이라도 몰래 스마트폰을 사용하기 시작하면 분위기에 휩쓸려 너도나도 사용하려고 들 거예요. 그러니 아예 쓰지 못하도록 금지하는 거지요.

👩 무조건 스마트폰을 빼앗지 말고, 학교에서 스마트폰을 사용하면 왜 안 되는지, 스마트폰을 쓰면 어떤 문제가 생기는지 상황극 등을 통해 충분히 교육하면 좋겠어요. 그리고 선생님은 스마트폰을 무조건 나쁜 쪽으로만 보는데, 사실 스마트폰이 유용할 때도 많아요.

🧑 물론 스마트폰이 유용한 면도 있지만 굳이 학교에서까지 쓸 필요는 없다고 생각합니다.

👧 저는 스마트폰을 학교에서도 꼭 지니고 다녀야 한다고 생각해요. 요즘은 교내에서 범죄가 많이 일어나요. 특히 여자 화장실에 침입하는 괴한이나 몰래카메라는 큰 문제예요. 집단 따돌림이나 학교 폭력도 무시할 수 없죠. 이런 상황이 닥쳤을 때 스마트폰으로 사진을 찍어 증거를 확보하거나 신고할 수 있어요.

🧑 제 생각은 다릅니다. 이미 나자유 학생을 비롯한 많은 학생들이 스마트폰 중독 상태입니다. 사용하지 말라고 해도 몰래 쓸 정도로 스스로를 통제하기 힘든 상태이지요. 이런 상황에서 어떻게 압수하지 않을 수 있나요?

👩 뭐? 내가 스마트폰 중독이라고?

🧑 매일 새벽까지 잠도 안 자고 SNS에 글을 올리는 게 중독 아니고 뭐냐? 자야 할 시간에 SNS를 하니까 수업 시간에 하품이나 하고 집중도

못 하지!

너야말로 왜 내 SNS를 감시하는 거야? 너도 스마트폰으로 내 SNS를 보는 거잖아. 그러니 너도 중독이야!

모두 조용! 서로에 대한 비난은 그만하세요. 토론 중에 상대방에 대한 인신공격*은 삼가야 합니다. 토론자는 개인이 아닌, 대표로서 이 자리에 있다는 사실을 기억하고, 냉정하고 이성적인 자세로 주장을 펼치도록 해요.

네. 한 조사 결과에 따르면 청소년 7명 중 1명이 스마트폰이나 인

인신공격 남의 신상에 관한 일을 들어 비난함.

터넷 중독 증세를 보인다고 합니다. 그만큼 스스로 자제하지 못하는 아이들이 많다는 뜻 아닐까요? 그렇기 때문에 학교에서만이라도 스마트폰에서 벗어날 수 있도록 사용을 금지해야 합니다.

스마트폰에 중독된 청소년이 그렇게 많다니 놀랍기는 합니다만, 그렇다고 무조건 못 쓰게 하면 오히려 더 집착할지도 몰라요. 지금도 학교에서 쓰지 못했던 스마트폰을 사용하느라 하굣길에 앞을 보지 않고 걸어가는 아이들이 많아요. 심지어 집에 들어가지 않고 벤치에 앉아서 스마트폰을 쓰는 경우도 있어요.

말로 해서 고쳐지면 중독이 아니겠지요. 아무리 말해도 고치지 못하니까 아예 금지해서 사용 시간을 줄이도록 해야죠.

아이들이 스마트폰을 놀이용으로만 사용하는 건 아니에요. 숙제나 공부를 할 때 필요한 자료를 찾기 위해 쓰기도 한다고요. 그런데도 어른들은 무조건 혼내기만 해요. 스마트폰을 잘 활용했을 때는 칭찬도 해 주면 좋겠어요.

얼마 전 저희 아빠가 일하시는 병원에서 청소년의 스마트폰 사용과 수면 시간의 관계에 대해 조사를 했대요. 그 결과 스마트폰에 중독된 청소년들은 잠을 잘 못 자고, 자더라도 자꾸 깨더래요. 그러면 다음 날 학교에서 수업에 집중하기 어렵지요. 나자유 학생의 말대로 스마트폰을 사용해서 좋은 점도 있지만, 이 조사 결과처럼 나쁜 영향이 훨씬 크기 때문에 반드시 규제를 해야 해요.

규제의 말도 일리가 있어요. 생각해 보니 밤에 스마트폰을 하면

잠이 안 올 때가 많아요. 그렇다고 스마트폰 사용을 금지하는 건 너무 지나쳐요. 앞에서도 말했듯이 다른 놀거리가 많이 생기면 중독 문제는 자연히 해결될 거예요. 그리고 부모 교육이나 중독 치료 캠프를 늘리면 좋겠어요. 부모님은 자유롭게 스마트폰을 사용하면서 자녀에게만 하지 말라고 하는 건 좀 불공평하잖아요.

저도 자유의 의견에 동의해요. 사실 저도 한때 스마트폰을 많이 사용했어요. 그랬더니 저희 부모님께서 먼저 스마트폰을 폴더형 휴대 전화로 바꾸시고, 이용 시간도 줄이셨어요. 아빠는 저 때문에 스마트폰 중독에 대한 연구를 시작하셨고요. 이런 가족들의 노력 덕분에 저도 스마트폰 사용 시간을 많이 줄일 수 있었어요.

너도 스마트폰 중독이었다니 의외다. 규제의 말처럼 스마트폰 중독은 가족과 학교가 힘을 합쳐 함께 해결해야 한다고 생각해요.

이번 토론은 어쩐지 의견이 하나로 모이는 듯하네요. 여러분도 스마트폰의 단점을 이미 알고 있지만, 압수나 사용 금지같이 지나친 규제에 대해서는 반대하는군요. 어린이 배심원들의 의견은 어떤가요?

우리 반에서 선생님 몰래 스마트폰을 하는 친구를 봤어요. 스마트폰을 압수해 교무실에 보관하면 그런 일이 생기지 않을 것 같아요. 저는 스마트폰을 교무실에 보관하는 게 좋다고 생각해요.

저는 스마트폰을 압수하는 학교가 있는지 몰랐어요. 스마트폰이 없으면 위험한 일이 생겼을 때 바로 도움을 청할 수 없어서 불안할 것 같아요.

저는 학교 폭력을 예방하기 위해서라도 학교에서 스마트폰을 압수하지 않았으면 좋겠어요. 스마트폰이 있어야 폭력을 당했을 때 사진이나 동영상을 찍어서 증거를 남길 수 있지요.

오늘 토론은 서로 의견을 나누고 합의점을 찾아 가는 모습이 인상적이었어요. 그럼 이만 마무리할게요. 다음 시간에 만나요!

자유는 자신도 스마트폰 중독이었다고 솔직히 말한 규제가 친근하게 느껴졌어. 평소에 늘 어른인 척 구는 게 못마땅했는데, 진짜 어른스러운

면이 있었다니 새삼 놀라웠지. 스마트폰을 사 달라고 떼를 썼던 3학년 아이들도 부모님께서 반대하신 이유를 알게 되었어. 다섯 아이들은 스마트폰 게임 대신 보드게임을 하자는 이야기를 나누며 교실을 나섰어.

교내 스마트폰 사용 금지, 필요할까?

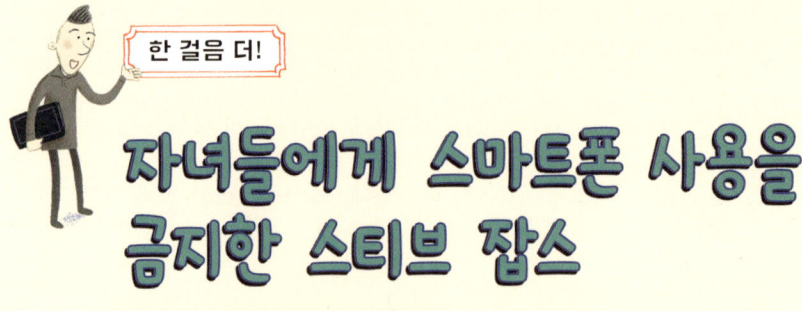

한 걸음 더!
자녀들에게 스마트폰 사용을 금지한 스티브 잡스

아이폰의 아버지, 스티브 잡스는 전 세계에 스마트폰을 퍼뜨린 인물이야. 그런데 스티브 잡스가 정작 자신의 자녀들에게는 스마트폰 사용을 금지했다는 사실을 알고 있니?

스티브 잡스는 슬하*에 1남 3녀를 두었는데, 그중 3명이 10대였어. 그런데 2010년 한 인터뷰에서 기자가 자녀들이 아이패드를 좋아하냐고 묻자, 잡스는 아이들이 아이패드를 사용해 본 적이 없다고 대답했어. 아이패드는 스티브 잡스가 개발한 소형 휴대용 컴퓨터로, 아이폰처럼 손이나 터치 펜으로 조작할 수 있는 첨단 기기이지. 스티브 잡스는 집에서 아이들에게 첨단 기기 사용을 제한한다는 말도 덧붙였어.

잡스의 공식 전기를 쓴 월터 아이작슨도 "잡스는 매일 저녁 식탁에서 아이들과 책, 역사 등 여러 가지 주제로 대화를 나눴다"며 "아이들 중 누구도 아이패드나 컴퓨터를 꺼내지 않았고, 컴퓨터에 중독된 것처럼 보이지 않았다"고 말했지.

스마트폰의 대중화를 이끈 스티브 잡스가 집에서 자녀들에게 스마트폰

슬하 무릎의 아래라는 뜻으로, 부모의 보호를 받는 테두리 안을 이름.

사용을 제한했다니, 뜻밖이지? 어쩌면 그가 스마트폰의 중독성과 유해성을 너무나 잘 알고 있었기 때문인지도 몰라.

교내 종교의 자유, 어디까지 보장할까?

오늘은 '교내 종교의 자유'에 대해 토론해 보도록 해요.

우아, 저번에 제가 냈던 토론 주제네요!

첫! 자유가 낸 주제로는 토론하기 싫어요!

흥, 그런 게 어디 있니? 너도 나처럼 평소에 토론에 관심을 갖고 의견을 내면 되지!

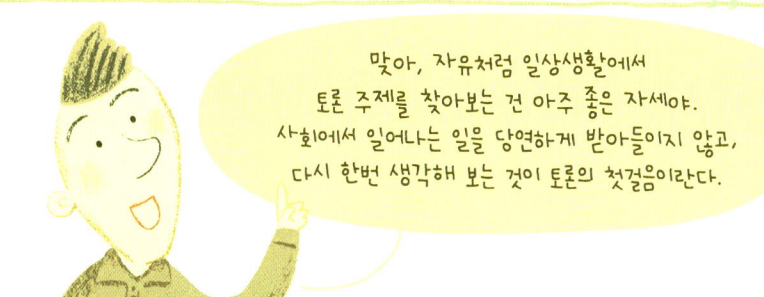

맞아, 자유처럼 일상생활에서 토론 주제를 찾아보는 건 아주 좋은 자세야. 사회에서 일어나는 일을 당연하게 받아들이지 않고, 다시 한번 생각해 보는 것이 토론의 첫걸음이란다.

네…

우리 학교를 졸업한 학생 중 절반 정도는 바로 옆 성경 중·고등학교로 진학해. 그곳은 기독교 단체에서 운영하는 학교이기 때문에 예배를 보고 성경을 가르치는 등 종교 관련 활동을 의무적으로 시행하지. 자유의 오빠는 성경 고등학교 3학년생인데, 불교도라서 기독교 활동을 불편해하고 있대. 오늘은 이 문제에 대해 토론해 보자.

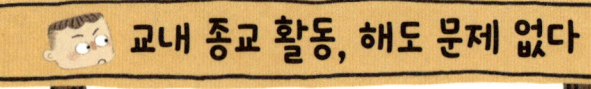
교내 종교 활동, 해도 문제 없다

강원도 교육청, 종교 동아리 불허 결정

최근 강원도에서 학교 내 종교 활동을 침해하는 여러 사례가 발생했다. 강원도 교육청은 지난해까지 잘 운영되던 교내 기독 자율 봉사 동아리를 '종교 동아리'라는 이유로 불허했다. 이와 관련한 취소 소송에서 재판부는 "교육 기관의 장인 피고에게 학교 운영 등과 관련한 광범위한 재량이 있다"며 "피고의 처분으로 원고가 종교의 자유를 침해당했거나 재량권이 남용된 것으로 보기 어렵다"고 밝혔다.

또한 수업 시간 외에 교사 개인의 기도, 방과 후 신앙 상담, 성경책 선물, 성탄절 관련 영상 시청 등은 '종교 중립 의무 위반'이라며 교사 2명에게 감봉과 견책 징계를 내리고, 강제 전보 조치했다.

원광호 전국 교목 회장은 "이 사건을 그대로 넘기면 기독 교사들이 학교에서 예수 이야기만 해도 전보, 감봉 등 징계 조치를 받을 것"이라면서 "교사 한 명의 문제가 아니라 한국 교회 전체의 문제인 만큼 학교에서 종교의 자유가 더 이상 침해당하지 않도록 교계가 강력 대처해 달라"고 말했다.

△△신문 2017년 2월 17일

교내 종교 활동, 강요하면 안 된다

예배 불참 선언으로 퇴학, '강의석 사건' 영화로 만들어져

기독교 사립 학교에서 비기독교인 학생회장 바울이 종교 수업을 받아들이지 못하는 모습을 담은 작품 '미션 스쿨'이 개봉을 앞두고 있다.

이 영화의 모티브가 된 '강의석 사건'은 지난 2004년 6월 16일 당시 기독교 재단 소속 고등학교의 학생회장이던 강 씨가 "학교에서 실시하는 특정 종교 교육은 종교의 자유를 침해한다"며 예배 불참을 선언하면서 촉발됐다. 학교 측은 예배에 참석하지 않고 1인 시위를 벌인 강 씨를 퇴학시켰고 강 씨는 이에 불복, 퇴학 처분 무효 소송과 손해 배상 청구 소송을 냈다.

2010년 4월 22일 대법원은 강 씨의 손을 들어줬다. 재판부는 "종교 행사는 강제 배정으로 입학한 학생의 기본권을 고려하지 않은 것이고, 학교가 대체 과목을 개설하지 않아 선택의 기회나 실질적인 참가 자율성을 보장하지 않았다"고 판시했다.

○○일보 2015년 10월 21일

미션 스쿨 기독교 단체에서 전도와 교육 사업을 목적으로 운영하는 학교.

🧒 저희 가족은 기독교도예요. 그래서 저희 누나도 자유 오빠와 같은 성경 고등학교에 다니지만 별 불만은 없대요. 종교 활동이 그렇게 많지도 않고요. 저는 수업에 방해되지 않는 정도라면 특정 종교 활동을 의무적으로 시행해도 괜찮다고 생각해요.

👧 누구에게나 종교의 자유가 있어요. 그러니 아무리 학교라도 종교를 강요해서는 안 된다고 생각해요. 저는 교내에서 특정 종교 활동을 의무화하는 것에 반대해요.

🧑 그럼 각자 입장을 정했으니 토론을 시작하지요.

👧 미션 스쿨에서 예배를 거부했다는 이유로 강의석 학생이 퇴학당한 것은 정말 부당해요. 우리나라는 누구에게나 종교의 자유를 보장하니까요. 학생이라고 예외일 수는 없어요.

🧒 저도 퇴학은 심하다고 생각해요. 하지만 곰곰이 따져 보면 학교가 강의석 학생에게 종교를 바꾸라고 한 것은 아니에요. 그저 학교 행사 중 하나인 예배에 참석하라고 했을 뿐이죠. 기독교도가 절에 간다고 불교도가 되는 것은 아니잖아요.

👧 절에 가는 것과 예배를 드리는 것은 달라요. 전에 선생님께서 말씀하신 '논리의 비약'이라는 말 기억하나요? 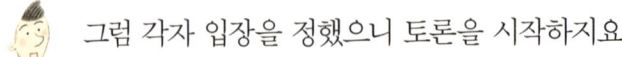갑자기 몇 단계를 뛰어넘어 과장하는 경우 말이에요. 방금 전규제 학생이 든 예는 논리의 비약입니다. 예배에 참석하는 것과 같은 상황은, 절에 가는 것이 아니라 절에 가서 예불을 드리는 것이죠.

🧒 네, 제 논리의 비약을 인정합니다. 하지만 정 싫으면 예배에 참석

은 하되, 딴생각을 하면 되지, 꼭 1인 시위까지 할 필요가 있을까요? 그리고 종교의 자유는 자신의 종교 활동을 할 수 있는 자유까지 포함하는 것이라고 생각해요. 그런데 종교 활동을 제한하고 징계까지 내린 것은 종교의 자유를 침해한 또 다른 사례예요. 성탄절 영상을 보여 준 선생님이 처벌받았다는 일도요. 사실 12월 25일은 특정 종교의 기념일이기는 하지만 꼭 종교적인 날로만 여기지는 않잖아요.

크리스마스는 휴일이고 선물을 받을 수 있어서 저도 좋아요. 하지만 기사에서 그 선생님이 징계를 받은 건 성탄절에 대한 영상을 보여 주면서 특정 종교에 대한 믿음을 강요했기 때문이 아닐까요? 만약 선생님이 그런 영상을 보여 주면서 은근히 믿음을 강요했다면 저도 기분이 나빴을 것 같아요.

기사에 나온 선생님이 학생들에게 정확히 어떤 영상을 보여 주었는지는 알 수 없어요. 나자유 학생의 말이 일리는 있지만, 어디까지나 추측이니 사실에 근거해서 주장을 펼쳐 주세요.

네, 알겠습니다. 그러면 저희 오빠의 예를 들게요. 저희 오빠는 민주 초등학교를 졸업하고 성경 중학교에 들어갔어요. 기독교 학교인 성경 중학교에 입학한 건 오빠의 뜻이 아니었어요. 추첨을 통해 그 학교에 배정된 것이었지요. 불교도인 오빠는 학교 방침에 따라 어쩔 수 없이 기독교 행사에 참여했어요. 고등학교도 성경 고등학교로 배정받는 바람에 자신의 의사와 관계없이 6년을 내리 예배에 참석해야 했지요. 요즘은 고3이라서 공부할 시간도 부족한데, 원하지 않는 종교 행사에 시간을 빼앗기고 있다며 억울해 하기도 해요. 이처럼 학생들의 공부 시간을 다른 일로 빼앗는 것은 부당하다고 생각합니다.

학교는 입시 교육만 하는 곳이 아닙니다. 수능에는 나오지 않지만 인성과 사회성, 창의성 등을 기르도록 교육하지요. 학교 교육에서는 이 과정도 입시 교육만큼이나 중요합니다. 그리고 종교 활동도 이러한 교육 범위에 포함된다고 생각해요.

저도 전규제 학생의 말에 동의합니다. 학교는 입시 교육만 하는 곳이 아니지요.

그런데 왜 오빠가 예배 참석 때문에 공부를 못 하는 게 안타깝다

고 하나요?

 우리 오빠는 고 3이라서 공부를 더 많이 해야 하니까 그렇죠.

그렇게 따지면 전국의 모든 미션 스쿨 학생들의 수능 점수는 비미션 스쿨 학생들에 비해 낮아야 해요. 예배 때문에 공부할 시간이 상대적으로 적을 테니까요. 솔직히 말해서 자유 오빠의 성적이 낮은 이유가 꼭 종교 때문은 아니잖아요?

 뭐가 어쩌고 어째?

이런, 이런. 흥분을 가라앉혀요. 자유가 오빠 일이라서 그런지 다른 때보다 더 예민하네요. 나자유 학생의 논리는 '예배 때문에 공부할

시간을 침해당한다'는 것이죠? 전규제 학생은 학교는 국·영·수 위주의 입시 교육뿐만 아니라 신체적, 정서적, 사회적 발달을 위한 전인 교육˙을 하는 곳이기에 종교 활동도 교육의 일부라는 주장이고요. 규제의 말처럼 학과 수업 이외의 활동도 교육에 포함돼요. 우리가 활동하는 토론 동아리 역시 성적에 포함되지 않지만 의미 없는 활동은 아니지요.

잘 알겠습니다. 저도 수업 시간 외에 토론 동아리, 걸 스카우트, 수련회 등 다른 활동에서 많은 것을 배웠어요. 생각해 보니 공부 시간을 침해하기 때문에 종교 활동이 부당하다는 주장은 설득력이 떨어지는 것 같아요. 그럼 다른 의견을 제시하겠습니다. 기독교 학교의 예배에서는 '하나님 이외의 다른 신에게 절하지 말라'고 가르쳐요. 저희 집에서는 제사를 드리면서 조상님께 절을 하는데, 예배 시간에 그 말을 들은 오빠가 우리 집의 전통이 죄를 짓는 행동이냐고 물은 적이 있어요. 이처럼 아직 가치관이 정립되지 않은 학생들에게 정신적 혼란을 줄 수 있는 교리를 가르치는 것은 옳지 않다고 생각합니다.

요즘 청소년들은 술을 마시거나 담배를 피우는 등 나쁜 행동을 하는 경우가 있습니다. 기독교는 술과 담배를 금지해요. 예배 시간에도 이런 내용을 배우지요. 이 내용이 청소년에게 좋은 가치관을 심어 줄 거라고 생각해요. 기독교의 교리 중에 불편한 내용도 있지만, 청소년기에 도움이 되는 부분도 있기 때문에 배워서 나쁠 게 없어요.

전인 교육 지식이나 기능 교육에 치우치지 않고 인간이 지닌 모든 자질을 조화롭게 발달시키는 것을 목적으로 하는 교육.

규제가 말한 교육은 꼭 종교를 통하지 않아도 돼요. 반발심이나 역효과 없이 배울 수 있는 내용을 왜 굳이 종교 행사와 교리를 통해 배워야 하죠? 특히 교내 예배 시간은 학생이 스스로 선택한 것이 아니므로 어떠한 종교적 행위도 강요하면 안 됩니다.

이번 토론 역시 치열하네요. 둘 다 밤샘 토론이라도 불사할 기세이니, 이쯤에서 마무리 발언을 하지요.

미션 스쿨에서 예배 시간은 학생에게 개종을 강요하기 위한 것이 아닌 교양 수업입니다. 석가 탄신일에 거리에 연등을 매달고, 성탄절에 크리스마스트리를 설치하는 게 종교를 강요하는 행동은 아니잖아요? 저는 기독교도지만 예쁘게 켜진 연등을 보면 기분이 좋아요. 서로 다른 종교라고 배척할 것이 아니라 인정하는 자세가 필요하다고 생각해요.

어린이 배심원들은 어떻게 봤나요? 여러분의 의견도 궁금해요.

저희 가족은 교회에 다녀요. 교회에서는 늘 부모님 말씀 잘 듣고 불쌍한 사람들을 도와주라고 가르쳐요. 그래서 늘 이웃을 위해 기도하고 착한 일을 하려고 노력해요. 성경 내용을 조금씩 알려 주는 것은 절대 나쁜 일이 아니에요.

작년 크리스마스에 과자를 선물로 준다고 해서 교회에 갔어요. 목사님이 예수님은 아버지 없이 성령으로 혼자 태어났다고 하길래 그게 가능하냐고 물었더니 모두 웃어서 창피했어요. 학교에서도 그런 내용을 배워야 한다면 싫을 것 같아요.

기독교를 믿지 않으면 크리스마스 때 선물을 못 받나요? 저는 부활절에 주는 달걀도 좋고, 석가 탄신일에 절에서 먹는 비빔밥도 좋아요. 종교가 달라도 서로 사이좋게 지내면 좋겠어요.

종교 문제를 이해하기 어려워서인지 3학년 배심원들은 다른 날보다 더 알쏭달쏭한 표정이었어. 종교 때문에 크리스마스 선물을 걱정하는

영민이의 말엔 모두들 크게 웃음을 터트렸지. 자유와 규제는 영민이에게 걱정하지 말라며 앞다투어 설명해 주었어. 영민이도 그제야 안심이 되는지 방긋 웃었지.

 **교내 종교의 자유, 어디까지 보장할까?**

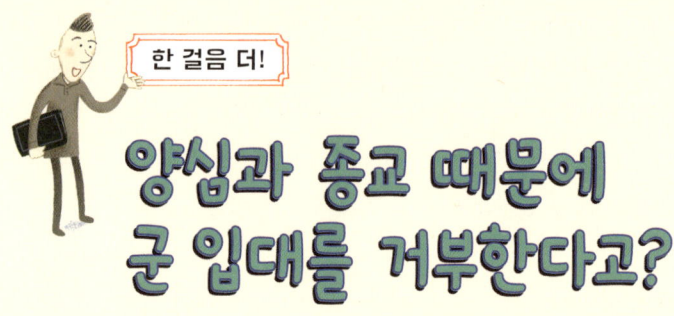

양심과 종교 때문에 군 입대를 거부한다고?

'양심적 병역 거부'라는 말 들어 본 적 있니? 자신의 양심 혹은 종교의 교리에 반대되는 병역과 집총(총을 잡는 행위)을 거부하는 행위를 말해. 우리나라에서는 매년 '양심적 병역 거부'를 이유로 수백 명의 젊은이들이 범법자가 되었으며, 이 문제에 대한 찬성과 반대 의견이 대립했어.

우리나라 헌법 제19조에는 "모든 국민은 양심의 자유를 가진다"라고 되어 있어. 이를 근거로 보면 '양심적 병역 거부'를 처벌하는 것은 명백히 기본권 침해야. 하지만 헌법 제39조 제1항에는 "모든 국민은 법률이 정하는 바에 의하여 국방의 의무를 진다"라고 나와 있으며, 병역법 제3조 제1항에는 "대한민국 국민인 남자는 헌법과 이 법이 정하는 바에 따라 병역 의무를 성실히 수행하여야 한다"고 되어 있어. 그러므로 이에 따르면 '양심적 병역 거부'는 법을 위반한 행동이지.

양심적 병역 거부 사건은 꾸준히 증가해 왔어. 그러나 판사들에 따라 판결이 오락가락해 혼란스러웠지. 2017년 7월 제주 지방 법원에서는 병역을 거부한 2명의 청년에게 무죄를 선고했어. 그런데 열흘 뒤 다른 판사는 같은 죄로 재판을 받은 다른 청년에게 유죄를 선고했지. 병역 의무를 완전히 면제받겠다는 게 아니라 대체 복무 등으로 병역을 수행하겠다는 뜻을 밝혔음에도 말이야.

그러다 지난 2018년 6월, 헌법 재판소는 병역법 5조 1항에 대해 헌법 불합치를 선고하고 대체 복무 제도를 도입하라고 결정했어. 이에 따라 2018년 11월, 대법원 전원 합의체는 양심적 병역 거부자를 형사 처벌할 수 없다고 판결했어. 이후 2019년 2월까지 양심적 병역 거부로 유죄를 선고받고 복역 중이던 사람들이 모두 가석방되었단다.

인터넷 실명제, 부활해야 할까?

아무리 거짓 소문이 돌아도 학교에서 스마트폰을 사용하면 어떡해? 학교에서 스마트폰을 쓰지 말아야 한다고 주장한 사람이 누구더라? 원칙주의자도 좋아하는 아이돌 앞에서는 어쩔 수 없나 봐!

너희들 혜나가 교통사고로 사망했다는 거짓 소문에 대해 이야기하고 있었지? 방금 전 최초로 소문을 퍼트린 대학생이 붙잡혔는데 재미 삼아 어떤 교통사고 기사에서 이름만 바꿔 SNS에 올렸다더구나. 이 사건을 본 김에 인터넷 실명제에 대해 알아볼까? 인터넷 실명제는 이용자의 주민 등록 번호와 이름이 확인되어야 인터넷 게시판에 글을 쓸 수 있는 제도란다. 2012년 헌법 재판소에서 위헌 결정을 내려 폐지되었어. 그런데 최근에 악플, 댓글 조작 등으로 인해 다시금 논의되고 있지. 인터넷 실명제를 다시 도입하자는 국민 청원까지 빗발친다고 하니 우리도 토론을 통해 이 문제를 고민해 보자.

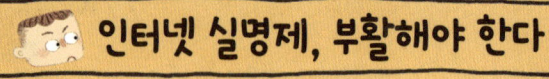

악성 루머에 시달리는 스타들

최근 온라인 커뮤니티와 SNS를 중심으로 '방송인 A씨 사망설'이 일파만파로 퍼졌다. 평소 고령임에도 활발한 방송 활동을 이어 온 터라 충격은 더욱 컸다. 이에 대해 A씨 측은 "A씨는 건강하다"며 "평소처럼 생활하고 있다"고 사망설을 일축했다. 또 "A씨가 루머를 접한 후 당황했지만 수사관에게 '새해 액땜한 셈 칠 테니 루머를 제기한 사람을 용서해 주라'고 말했다"고 밝혔다.

A씨가 사망 루머로 상처를 입은 첫 스타는 아니다. 지난 2003년 배우 B씨는 인터넷상에 '충남 태안에서 교통사고로 숨졌다'는 내용의 루머가 퍼져 곤욕을 치른 바 있다.

중국의 유명 배우 C씨 역시 매년 사망설이 되풀이되어, 소속사가 SNS를 통해 직접 해명하는 등 골머리를 앓고 있다.

○○일보 2017년 1월 4일

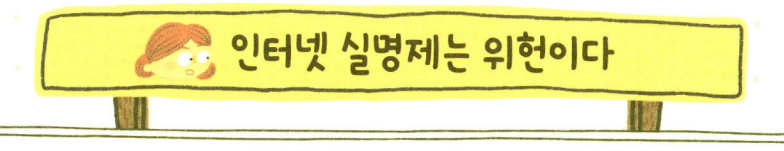

헌법 재판소, 인터넷 실명제 위헌 판결

　인터넷 실명제라고 불리는 '제한적 본인 확인제'는 2007년 7월 정보 통신망법 제44조 5에 따라 시행됐다. 이 제도는 하루 방문자 수가 10만 명이 넘는 인터넷 사이트에 적용되는 법이었다. 그러나 2012년 8월 23일 헌법 재판소가 인터넷 실명제에 대해 표현의 자유와 기본권 제한이 우려된다며 위헌 결정을 내렸다. 이로써 언어폭력, 명예 훼손, 허위 사실 유포, 개인 정보 유출 등 나쁜 영향을 미치는 인터넷상의 악성 게시물을 막기 위해 시행된 이 제도는 5년 만에 효력을 상실했다.

　인터넷 실명제 효과에 대한 한 연구에 따르면 실명제 이후 게시글의 비방과 욕설 정도는 줄어들지 않았으나 글쓰기 행위를 위축시켜 그 효과 또한 미미했던 것으로 나타났다.

　한편 유튜브는 2009년 한국이 인터넷 실명제를 실시하자 국가를 '한국'으로 설정할 경우 동영상과 댓글을 올리지 못하도록 했다. 이에 국내 이용자들이 다른 국적을 선택해 동영상과 댓글을 올려야 하는 등 웃지 못할 상황이 벌어졌다.

△△신문 2012년 8월 23일

헤나가 사망했다는 거짓 소문 때문에 너무 놀라 아직도 가슴이 쿵쾅거려요. 인터넷 실명제를 다시 시행해서 이런 거짓 소문이 돌지 못하도록 막아야 한다고 생각해요.

거짓 소문 때문에 온 국민이 인터넷에 글을 쓸 때마다 이름을 밝힐 필요는 없다고 생각해요. 저는 실명제에 반대합니다.

두 학생의 생각, 잘 알겠습니다. 토론을 시작하지요.

아무리 장난이라도 어떻게 멀쩡한 사람이 죽었다는 소문을 낼 수 있나요. 헤나 본인이나 가족들이 이 기사를 보고 얼마나 놀랐겠어요. 앞으로는 함부로 글을 쓰지 못하도록 인터넷상에 글을 쓸 때 꼭 실명을 밝혀야 한다고 생각해요.

저도 그 기사를 보고 놀랐어요. 하지만 그렇다고 인터넷에 글을 남길 때마다 신분을 확인받아야 하는 인터넷 실명제를 시행할 필요는 없다고 생각해요. 내가 먹은 음식이나 간단한 감정을 표현할 때도 실명을 인증해야 한다면 귀찮아서 글을 쓰지 않게 될 거예요. 또 기사에서 보다시피 이미 헌법 재판소에서도 위헌 판결을 내렸잖아요.

우리 헤나는 인기가 많아서 가뜩이나 악플에 시달리는데……. 이번에는 악성 루머에까지 연루되어 얼마나 충격이 컸을까요? 저런 몹쓸 글을 쓴 사람은 똑같이 당해 봐야 해요. 눈에는 눈, 이에는 이로 대응해야 합니다!

전규제 학생, 진정하고 내 말을 들어 봐요. 규제가 말한 '눈에는 눈, 이에는 이'라는 법칙은 약 4천 년 전에 만들어진 고대 함무라비 법전에 등장하는 내용입니다. 함무라비 법전에는 '누군가 타인의 뼈를 부러트리면, 그 사람의 뼈를 부러트려라'라는 법 조항이 있었어요. 함무라비 법전이 현대의 법 체계에 많은 영향을 주었지만 지금 그대로 적용하는 것은 무리에요. 도둑이 우리 집 물건을 훔쳤다고 해서 나도 그 도둑의 집에 가 도둑질을 한다면 결국 모든 사람이 범죄자가 되고 말 거예요. 현재 대한민국은 헌법과 형법, 민법 등 법으로 개인의 죄를 처벌해요. 개인이 다른 사람의 죄를 판단하거나 처벌할 수 없지요. 개인적인 감정은 버리고 이성적으로 토론에 집중하세요.

죄송해요. 제가 너무 좋아하는 가수라 흥분했나 봐요. 헤나는 이번 사건 이전에도 심한 욕설과 외모 비하 악플에 시달렸어요. 사람들은 익명이 보장된다는 이유로 입에 담기조차 힘든 욕설을 아무렇지 않

게 써요. 인터넷 실명제를 실시한다면 지금보다 악플이 훨씬 줄어들 거라고 생각해요.

인터넷상에 악플도 많지만, 정보 글이나, 좋은 글도 많습니다. 서로 안부를 묻거나 격려하는 글도 많고요. 불우 이웃 돕기 모금 운동도 하지요. 만약 인터넷 실명제를 실시해서 글을 쓸 때마다 무조건 인증을 해야 한다면 좋은 의도의 글조차 줄어들 거예요. 악플을 다는 소수의 사람들 때문에 다수의 말할 권리를 침해해서는 안 된다고 생각합니다. 차라리 악플을 단 사람을 고소하고, 강하게 처벌하는 편이 낫습니다.

악플러를 고소하는 건 생각보다 쉽지 않아요. 고소장을 접수하고 경찰서와 법원에 가야 하는 등 절차가 까다롭지요. 그에 비해 악플을 다는 건 너무나 쉬워요. 인터넷만 되면 아무 때나 마구 쓸 수 있어요. 쉽게 욕하고 비난하고 거짓 정보를 퍼뜨리는 그릇된 문화를 바로잡는 데에는 인터넷 실명제만 한 해결책이 없어요.

앞의 기사에서 보았듯, 실명제를 시행하던 시기에도 악플은 감소하지 않았고, 오히려 좋은 글이 줄었어요. 그러니 악플러를 강력하게 처벌하고, 감시하는 등 범죄를 저지른 사람에 대한 처벌을 더욱 강화해야 해요. 또 실명제는 개인 정보 유출이라는 더 큰 문제를 야기할 수 있습니다. 인증 과정에서 주민 등록 번호가 유출되어 가짜 신분증이나 신용카드가 만들어지는 등 2차 피해가 생길 수 있어요. 우리나라에서도 여러 번 이런 사건이 있었죠. 그래서 지금은 인터넷 사이트에 가입할 때 주민 등록 번호를 입력하지 않잖아요.

개인 정보 유출은 인터넷 실명제와 또 다른 문제라고 생각해요. 개인 정보 유출은 각 사이트가 보안을 철저히 한다면 막을 수 있어요. 이제까지는 회사들이 정보 보호를 소홀히 해서 개인 정보가 유출되어도 큰 처벌을 받지 않았어요. 이 점을 보완해서 더욱 강력하게 제재하고 처벌을 강화하면 해결할 수 있지요.

인터넷상에 100% 안전한 정보는 없습니다. 쇼핑몰뿐 아니라 청와대 같은 국가 기관의 홈페이지도 해커들의 공격에 보안이 뚫릴 수 있어요. 정보 유출에 따른 처벌도 중요하지만, 평소에 해킹에 대비해야 한다고 생각해요.

두 사람의 논의가 개인 정보 유출에 대한 방향으로 흘러가고 있네요. 다시 본론으로 돌아와 토론해 보죠.

네, 인터넷에서 사용하는 언어는 현실보다 상당히 거칠어요. 반말은 기본이고 욕설도 쉽게 쓰죠. 만약 자신의 실명을 밝히고 글을 써야 한다면 댓글을 달기 전에 한 번 더 생각하지 않을까요?

만약 인터넷 실명제가 시행되면 대다수 평범한 사람들의 글은 알려질 기회가 점점 더 줄어들 거예요. 글쓴이가 누구인지 편견 없이 읽고 판단해야 하는데, 실명제를 시행하면 글쓴이의 이름부터 보고 유명인의 글만 읽으려고 할 거예요.

자유의 말을 듣고 보니 그렇네요. 그 부분은 동의해요.

여러분이 평소에 관심이 많은 주제라서 그런지 유난히 진지하네요. 규제가 흥분을 가라앉히는 모습을 보니 토론에 임하는 자세도 성숙해진 것 같아 뿌듯했어요. 물론 그에 못지않게 자유의 태도도 좋았습니다. 배심원 여러분은 어떻게 보았나요?

게임할 때 어떤 형이 댓글로 욕을 했는데, 정말 싫고 무서웠어요. 악플을 다는 사람들은 다 찾아내서 벌을 주면 좋겠어요. 게임에서만이라도 실명제를 하면 좋겠어요.

저는 실명제에 반대해요. 자주 가는 인터넷 반려견 카페에서 제가 초등학생이라는 걸 알면 제 글에 댓글조차 달지 않을걸요? 초등학생은 어리다고 무조건 무시하니까요. 나이가 어려도 생각은 깊을 수 있는데 말이에요.

저는 인터넷 실명제에 찬성하지는 않지만 악플로 피해를 입는 일은 꼭 막아야 한다고 생각해요. 그래서 댓글을 달 때만큼은 실명제를 하면 좋겠어요.

우아, 배심원들의 평가 수준도 점점 높아지고 있어요. 다음 시간에는 얼마나 더 발전할지 벌써 궁금하네요.

토론이 끝나자마자 규제는 혜나가 불쌍하다며 투덜거렸어. 그리고는 스마트폰으로 혜나의 악플 사건을 보여 주겠다며, 자유와 배심원들을 데리고 종종걸음을 쳤어. 선생님은 아이들이 토론의 뒷이야기를 종알거리며 걸어가는 모습을 보고 놀랐어. 모두들 이렇게 빠르게 성장할 줄 몰랐거든!

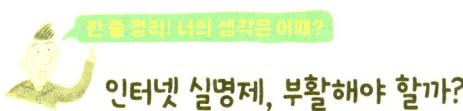

인터넷 실명제, 부활해야 할까?

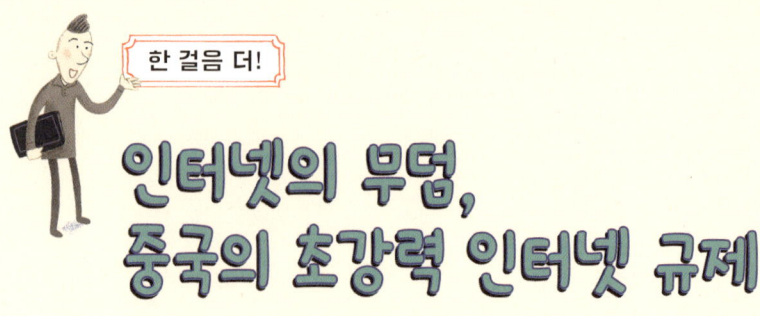

인터넷의 무덤, 중국의 초강력 인터넷 규제

한 걸음 더!

우리나라에서는 자유롭게 스마트폰 앱과 SNS를 사용하고, 인터넷으로 전 세계의 모든 정보를 검색할 수 있어. 그런데 만일 정부에서 갑자기 개인의 SNS 계정을 삭제하고, 검색을 금지하면 어떨까?

전 세계에서 인구가 가장 많은 중국은 국가의 강력한 규제 때문에 인터넷의 무덤으로 불려. 중국은 사회주의 국가이기 때문에 국가가 추구하는 가치에 반대하거나, 국가가 국민에게 해롭다고 판단하는 정보를 차단하지. 이 때문에 글로벌 IT 기업인 구글은 2010년 중국에서 검색 엔진 서비스를 중단했어. 전 세계 사람들이 자유롭게 소통하는 트위터도 마찬가지야. 페이스북은 2008년 중국에 진출했지만, 1년 후인 2009년 중국 정부의 SNS 차단 조치로 중국 시장에서 사업을 철수했어. 인스타그램도 2014년 가을, 홍콩에서 우산 혁명*이 일어나자 차단됐지. 그뿐 아니라 '티벳'이나 '파룬궁' 등의 단어를 입력하면 자동으로 검색이 차단돼.

중국은 '인터넷 안전법'을 시행하여 개인이 스마트폰을 통해 주고받는 정보에 대해 감시를 강화했어. 이에 시민들은 언론의 자유가 후퇴하고 있다며 불만을 쏟아 냈지. 하지만 중국 정부는 아랑곳하지 않고 2017년 8월 내용이

우산 혁명 2014년 9월, 행정 장관 선거 직선제를 요구하며 일어난 홍콩의 민주화 시위로, 그 해 12월까지 이어짐.

부적절하다며 300개 이상의 개인 SNS 계정을 한꺼번에 폐쇄했어.

만약 정부를 비난하거나 비협조적인 내용을 썼다는 이유로 내 SNS 계정이 없어진다면 정말 황당하겠지? 안타깝게도 아직까지는 중국 정부의 강력한 인터넷 규제를 막을 수 없어. 하지만 중국 정부도 언제까지나 국민과 언론을 통제하지는 못할 거야.

안락사, 허용해야 할까?

예서야, 무슨 일이야?

예서가 정말 힘들겠구나. 기운 내. 예삐는 하늘나라에서 행복할 거야.

예서네 강아지 예삐가 위암에 걸려서 많이 아팠는데, 어제 결국 안락사를 했어요.

예삐를 동생이라고 생각했는데….
수술을 두 번이나 했지만 나아지지 않고,
먹지도 못해서 안락사를 할 수밖에 없었어요.

정말 아끼던 반려동물이었구나.
그런데 암에 걸려 잘 먹지 못할 정도로
고통스러운 상황에서 예삐가 과연 행복했을까?

잘 먹지 못하고 자꾸 울기만 해서
어쩔 수 없이 내린 결정이었지만,
너무 슬퍼요.

그래, 안락사는 쉽지 않은 결정이야.
반려동물은 물론이고, 사람에 대한 안락사도 찬성과 반대 의견으로 나뉘지.
2019년 한 언론사의 조사에 따르면, 우리나라도 안락사를 찬성하는 비율이
80%를 넘어섰단다. 오늘은 안락사에 대해 토론해 보는 게 어떨까?
강아지를 안락사한 예삐도 토론을 통해
마음의 짐을 조금 덜 수 있을 거야.

네덜란드, 안락사 비율 지속 증가

　네덜란드가 2002년 안락사를 합법화한 후 안락사 사망 비율이 지속적으로 증가하고 있다. 네덜란드 '안락사 검토 위원회'의 연간 보고서에 따르면 2016년 안락사를 택한 사람은 모두 6091명으로 나타났다. 이는 2015년 557명에 비해 10% 정도 늘어난 수치다. 또한 2017년 현재 네덜란드 안락사 사망 비율은 전체 사망자의 4.5%에 달했다.

　네덜란드는 삶이 끝났다고 생각하는 사람들의 '조력 자살'을 허용하는 법안도 도입할 예정이어서 파문이 일고 있다. 조력 자살은 의료진에게 약물을 처방받아 죽음을 맞는 것을 뜻한다.

　이에 영국의 가디언지는 "조력 자살 법이 통과되면 무분별한 자살이 확대될지 모른다는 우려가 확산되고 있다"고 밝혔다.

△△신문 2017년 8월 4일

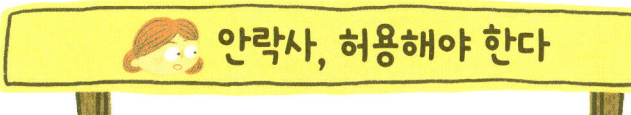

안락사 찬성, 80% 넘어

'연명 의료 결정 제도'가 시행된 지 1년이 지났다. '연명 의료 결정 제도'란 회생 가능성이 없는 중환자에게 치료 효과는 없지만 목숨을 잇기 위해 시행하는 시술을 중단할 수 있는 제도이다. 이를 계기로 안락사에 대한 논의 또한 다시 활발해지고 있다.

한 신문사와 공공 조사 네트워크 기관이 전국 남녀 1천 명을 대상으로 조사한 결과 80.7%가 안락사를 허용해야 한다고 응답했다. 왜 안락사 허용을 찬성하느냐는 물음에는 '죽음을 선택하는 것도 인간의 권리', '병으로 인한 고통을 줄일 수 있기 때문' 등의 이유를 꼽았다.

캐나다, 프랑스, 스위스 등 7개국이 안락사를 허용하고 있는 가운데, 이에 관한 사회적 논의가 더욱 심도 깊게 이루어져야 할 것으로 보인다.

○○일보 2019년 3월 8일

🧑‍🦰 슬프긴 하지만 어쩔 수 없는 경우라면 안락사를 허용해야 한다고 생각해요. 누구에게나 죽을 권리가 있으니까요.

🧑 생명은 존엄해요. 저는 스스로 목숨을 끊는 일에 반대해요.

🧑 잘 알겠어요. 다소 무거운 주제이니 다른 때보다 더 진지한 자세로 임해 주세요.

🧑‍🦰 인간에게는 잘 살 권리도 있고, 잘 죽을 권리도 있어요. 불치병에 걸린 사람이 오죽하면 안락사를 선택하겠어요? 그 고통을 이해해야 합니다.

🧑 안락사는 스스로 목숨을 끊는 자살과 같아요. 의사가 환자에게 약물을 주사해서 안락사를 돕는 것은 살인이나 다름없고요. 환자가 죽을 것을 알면서도 약을 주입하잖아요. 자살이나 살인을 돕는 것은 금지하면서 안락사는 허용한다니, 불공평해요.

🧑‍🦰 살인은 살고 싶은 사람을 죽이는 것이고, 안락사는 고통이 극심하거나 살아날 가망이 없어 불행한 사람을 도와주는 일입니다. 둘은 전혀 달라요.

🧑 세상에 태어나는 것이 원해서 되는 일이 아니듯, 죽는 것도 원한다고 되는 일이 아니에요.

🧑‍🦰 살아날 가망 없이 인공호흡기에 의존하여 목숨을 부지하는 환자는 어떤가요? 겨우 숨만 쉬면서 목숨을 유지하는 게 과연 진짜 살아 있는 걸까요?

🧑 자유의 말처럼 식물인간 상태인 사람의 안락사를 허용한다면,

그 기준을 어떻게 정해야 할까요? 인공호흡기 없이는 못 사는 사람, 장비의 도움 없이 호흡은 하지만 전혀 움직이지 못하는 사람, 손가락만 겨우 움직이는 사람 등 환자마다 상태가 달라서 기준을 정하기가 너무 어려워요.

우리나라는 현재 안락사를 금지하기 때문에 아직 기준이 없는 거예요. 정식으로 법을 만든다면, 전문가들이 논의하여 기준을 정하면 되지요. 저는 강력한 진통제 없이는 버틸 수 없어 안락사를 원하는 사람들에게 꼭 안락사를 허용해야 한다고 생각해요.

저는 이 부분에 특히 반대합니다. 왜냐하면 너무 아픈 사람은 올바른 판단을 하기 어려워요. 당장 통증을 없애고 싶은 마음이 가장 크죠. 조금만 참고 치료를 받으면 병이 나을 수도 있어요. 요즘은 의학이 매우 빠르게 발달하고 있어서, 현재는 불치병이지만 가까운 미래에 치료법이 개발될 수도 있고요. 아직 기회가 있는데 성급하게 안락사를 결정할까 봐 걱정돼요.

종이에 손가락만 베도 엄청나게 쓰라린데, 악성 종양이 자라는 암 환자 분들은 얼마나 고통스러울까요? 오죽하면 죽음을 생각하겠습니까? 안락사란 편안한 죽음을 말해요. 개인에게 편안한 삶을 살 권리가 주어지듯, 편안하게 죽을 권리도 줘야 한다고 생각해요.

권리도 중요하지만 사람들이 너무 쉽게 죽음을 결정할까 봐 걱정돼요. 기사에서 봤듯이 네덜란드는 2016년에 6천 명 이상이 안락사로 죽었어요. 만약 안락사가 불법이었다면 그만큼 많은 사람이 죽지는 않았을 거예요.

🙍‍♀️ 그 6천 명을 다 만나 보지 않아 정확하지는 않지만, 결코 죽음을 쉽게 선택하지는 않았을 거예요. 매우 괴로운 선택이었겠죠. 오랫동안 간호하느라 지친 가족과 늘어 가는 병원비도 선택의 중요한 요인이 되었을 거예요. 저희 집도 할아버지께서 병원에 계시는 동안 친척들이 무척 힘들었어요.

🙍 아니, 그럼 돈 때문에 사람을 죽이자는 말인가요? 아무리 물질 만능 시대라고 해도 그건 아니지요.

🙍‍♀️ 제 말은 환자와 가족들이 정신적인 고통뿐만 아니라 신체적, 경제적으로도 고통받는다는 뜻입니다. 간병인을 쓰려면 한 달에 몇 백만 원이 든대요. 1년이면 몇 천만 원이죠. 거기다가 입원비, 치료비는 따로 들어가요. 간병비가 부담돼 가족들이 돌아가면서 밤새 간호하다 보면 가족들의 건강까지 나빠져요. 저희 고모는 병원에서 불편하게 생활하다가 허리 디스크 수술을 받았어요.

🙍 어쨌든 저는 돈이 많이 들고 힘드니까 안락사를 하자는 뜻으로 이해됩니다. 그렇게 된다면 부자는 안락사를 하지 않겠지만, 형편이 어려운 가정은 쉽게 안락사를 결정할지도 몰라요.

🙍‍♀️ 빈부 격차에 따라 안락사가 결정될 수 있다는 규제의 말에 동의해요. 그래서 저는 더욱더 안락사에 관한 법을 만들어 엄격하게 관리해야 한다고 생각합니다. 또 경제적 어려움 때문에 안락사를 하지 않도록 병원비를 지원하거나 간병인을 제공하는 의료 복지 제도가 필요해요.

여러분 잠깐만요, 환자 가족의 부담은 상당히 민감한 부분입니다. 현실적으로 많은 가족들이 괴로워하는 문제이기도 하고요. 2011년 국립 암 센터가 암 환자 보호자를 대상으로 실시한 설문 조사를 보면 보호자의 82.8%가 간병 중에 우울 증상을 경험하고, 17.7%는 자살 충동까지 느꼈다고 해요. 2016년에는 전신 마비 남편을 오랫동안 간호하던 아내가 너무 힘들다며 자살했어요. 가족의 고통은 규제의 말처럼 단순히 돈 때문이 아니라 복합적인 문제로 야기됩니다.

가족들에게 병간호가 힘들다는 이야기를 듣긴 했지만, 이 정도로 심각한 줄은 몰랐어요.

간호하는 가족의 어려움은 잘 알겠어요. 그러나 네덜란드를 보세요. 안락사를 제도화하더니 이제는 조력 자살이라는 제도를 만들려고 해요. 살고 싶지 않다고 해서 죽도록 도와준다니 말이 됩니까? 지금도 우리나라의 자살률은 세계 최고 수준입니다. 여기서 안락사까지 허용한다면 안락사의 대상이 아닌 사람들까지 죽음을 선택할지도 몰라요.

안락사를 못 해서 자살한 환자도 있다고 들었어요. 그런 사람들에게 안락사할 권리를 인정해 주면 자살률이 낮아질 거예요.

안락사를 인정해서 자살률을 낮추는 게 무슨 의미가 있나요? 안락사를 허락하면 생명에 대한 존엄이 무너져서 점점 죽음을 쉽게 생각할 거예요! 우울증에 걸린 사람을 치료하지는 못할망정 자살하도록 돕는 일은 무책임해요. 생명 경시라는 말입니다.

기계에 의존해 생명을 겨우 연장하거나, 고통이 극심한 일부 환자들에게만 안락사를 허용하자는 것이지, 모든 사람에게 죽음을 권장하자는 게 아니에요. 다른 나라에서도 이미 그런 법을 시행하고 있어요.

저 역시 안락사를 꼭 필요한 소수에게만 적용한다면 다시 생각할 수도 있어요. 지금도 연명 의료 결정 제도가 시행 중이니까요. 하지만 그 법을 이용하여 죽음을 부추기는 분위기가 조성될까 봐 반대하는 것입니다. 그리고 자유는 전부터 자꾸 다른 나라 사례를 드는데, 우리의 현실을 우선적으로 고려해야지 남들이 한다고 우리도 해야 한다는 주장은 설득력이 떨어집니다.

자, 어느 정도 의견을 나누었으니, 여기서 토론을 정리할까요? 안락사는 매우 어려운 주제입니다. 어른들도 쉽게 의견을 모으지 못하지요. 여러분이 잘할 수 있을까 걱정했는데, 제가 괜한 걱정을 한 것 같네요. 에서를 비롯한 배심원들은 토론을

어떻게 보았나요?

🧒 우리 예삐를 안락사하고 너무 힘들었어요. 하지만 예삐의 고통을 지켜보는 것도 괴로웠지요. 지금도 슬프지만 예삐가 이제는 아프지 않을 거라고 생각하니 마음이 조금 놓여요. 그래서 저는 너무 심하게 아픈 사람에게는 안락사를 허용해도 괜찮다고 생각해요.

🧒 저도 예서네 놀러 가서 예삐를 자주 봤기 때문에 정이 들었어요. 그런데 많이 아프면 정말 죽는 게 나을까요? 이제 예삐를 볼 수 없잖아요. 저는 잘 모르겠어요. 죽는 것을 생각하면 너무 무섭고 슬퍼요.

🧒 예삐가 죽은 것은 슬프지만, 너무 아프면 아프지 않도록 도와주는 게 예삐를 위해서 맞다고 생각해요. 그렇지만 할아버지나 할머니가 많이 아프시더라도 안락사를 결정하기는 무척 힘들 것 같아요. 오늘 주

제는 너무 어려워요.

 죽음이라는 어려운 주제와 예삐의 안락사 때문에 토론은 무거운 분위기로 끝났어. 아이들은 평소 같으면 조잘거리며 신나게 뛰어갔겠지만 오늘만큼은 다들 조용히 일어섰지. 선생님이 아이들에게 힘내라는 의미로 아이스크림을 사 주겠다고 하자, 그제야 표정들이 조금 밝아졌어.

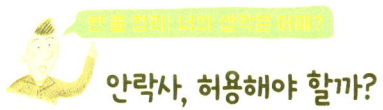
안락사, 허용해야 할까?

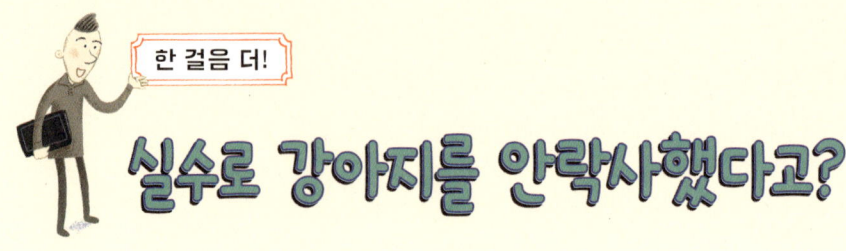

실수로 강아지를 안락사했다고?

2017년 '별이'라는 강아지를 키우던 A씨는 제주도로 여행을 가기 위해 서울의 한 동물 병원에 강아지를 맡겼어. 하지만 여행을 마치고 돌아온 A씨가 동물 병원에서 돌려받은 강아지는 별이가 아니었어.

A씨가 항의하자, 동물 병원에서는 청소하려고 문을 열자마자 별이가 병원 밖으로 도망갔다고 말했어. A씨는 별이를 찾기 위해 실종 전단지를 뿌리고 SNS를 통해 도와 달라고 호소했어. 별이를 가족으로 여기고 애지중지 키웠기에 500만 원의 사례금까지 내걸었지. 하지만 시간이 흘러도 소식이 없었어.

얼마 뒤, A씨는 더욱 충격적인 사실을 알게 됐어. 병원에 맡긴 이튿날 병원에서 별이를 안락사했고, 그것도 모자라 화장했다는 거야. 현재 우리나라는 수의사가 동물을 안락사하는 것을 일부 허용하고 있거든. 동물 병원 의사는 안락사할 강아지와 별이를 착각해 벌어진 실수라고 해명했어.

A씨는 별이를 잃은 충격으로 응급실에 실려 갔어. 이 소식이 SNS를 통해 알려지며 네티즌들은 동물 병원을 향해 비난을 퍼부었지. A씨는 동물 병원 원장을 상대로 법적 소송을 하려고 했지만, 그렇다고 별이를 되찾을 수는 없었어.

이처럼 안락사는 돌이킬 수 없는 중요한 결정이야. 실수나 후회를 한다 해도 바로잡을 수 없지. 그러니 정말 신중하게 생각하고 결정해야 해. 지금도 많은 유기견과 길고양이 등 주인 없는 동물들이 안락사를 당하고 있어. 돌봐 줄 주인이 없거나, 버림받은 동물을 돌볼 장소와 인력이 부족해서 어쩔 수 없이 안락사를 당하는 거야. 가슴 아픈 동물들의 안락사를 막기 위해 더 많은 관심과 노력이 필요하겠지?

학생의 외모, 규제해야 할까?

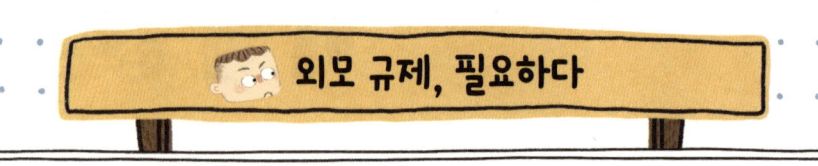

화장에 빠진 아이들

 1인 방송 전성시대를 맞이하여 초등학생을 대상으로 한 1인 방송 또한 늘어나고 있다. 특히 초등학생들이 직접 메이크업을 시연하는 방송이나 다양한 메이크업 도구와 제품을 추천하는 방송이 높은 조회 수를 기록하고 있다.

 한 온라인 쇼핑몰에 따르면 유아용 선 쿠션, 선 팩트의 매출은 전년보다 279% 늘었으며, 유아용 메이크업 용품의 매출도 2배 가까이 증가했다.

 상황이 이렇다 보니 부모님이나 선생님들의 걱정이 커지고 있다. 유아용 메이크업 제품의 가격이 만만치 않은 데다, 아이들이 지나치게 외모에 집착하게 될까 우려스럽기 때문이다. 특히 안전이 검증되었다고는 하지만 화학 성분인 화장품이 아이들의 피부에 좋을 리 없어 더욱 걱정이 크다.

 이에 전문가들은 아이들이 다른 쪽에 관심을 가질 수 있도록 유도하는 한편, 적절한 규제 또한 필요하다고 조언했다.

○○일보 2019년 1월 29일

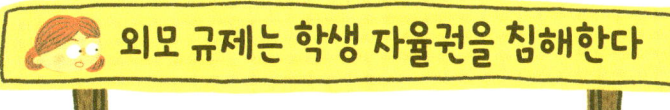
외모 규제는 학생 자율권을 침해한다

서울시 교육청, 학생들의 화장 허용

서울시 교육청이 '학생 인권 가이드 라인'을 발표했다. 가이드 라인은 최근 큰 이슈로 떠오르고 있는 학생들의 화장은 물론이고 염색이나 파마까지 허용한다. 서울시 교육청은 이와 같은 조치가 학생들의 개성과 사생활의 자유를 위한 것이라고 설명했다.

하지만 현장의 반응은 엇갈리고 있다. 학생들은 이 같은 조치를 환영하는 반면 교사들은 부정적이다. 교사들은 가이드 라인 때문에 학생들의 생활 지도에 더욱 어려움이 따를 것이라고 주장했다.

그러나 서울시 교육청은 학생들의 화장을 규제하는 것은 인권 침해로 받아들여질 수 있고 화장의 짙고 옅음을 객관적으로 판단할 수 없으므로 완전 자율화하는 것이 타당하다고 밝혔다.

이번 가이드 라인에는 화장, 두발뿐만 아니라 교복 대체 복장을 지정하여 학생들에게 복장 선택권을 줘야 한다는 내용도 포함되어 있어 당분간 논란이 지속될 것으로 보인다.

○○일보 2019년 3월 18일

🧒 학생의 외모를 규제하는 것은 자유를 침해하는 일이라고 생각해요. 저는 반대 입장에서 이야기할게요.

👦 사람은 사회적 동물입니다. 아무리 자유가 있어도 다른 사람에게 피해를 주면 규제해야지요. 저는 학생의 외모 규제에 찬성해요.

🧑 그럼 학생의 외모 규제에 대해 토론을 시작하겠어요.

🧒 학생의 외모에 관해서는 이미 몇몇 교육청에서 발표한 '학생 인권 조례'에서 자유를 보장하고 있어요. 복장, 두발 등 용모를 가꾸어 개성을 실현할 권리를 인정했지요.

👦 학교는 공부를 하는 곳입니다. 화장을 하는 것이 공부와 무슨 상관이 있나요?

🧒 전규제 학생 말이 맞아요. 화장은 공부와 아무 상관이 없어요. 그러니 화장을 한다고 공부를 못할 이유도 없지요.

👦 외모를 가꾸는 학생들은 화장품을 사거나, 염색을 하며 시간을 낭비해요.

🧒 사람이 어떻게 24시간 공부만 하나요? 쉬는 시간에 화장을 하거나 염색을 하는 건 시간을 낭비하는 게 아니에요. 게임을 하거나 놀이터에서 노는 것처럼 재충전하는 시간이라고요.

👦 만약 학생들의 외모를 규제하지 않는다고 생각해 보세요. 노란색 폭탄 머리를 하거나, 노출이 심한 옷을 입고 학교에 올지도 몰라요. 이런 복장은 다른 친구들이 공부하는 데 방해가 돼요.

🧒 전규제 학생의 예는 너무 극단적이에요. 오히려 적당한 화장이

생활에 활력을 주기도 해요. 외모 때문에 위축되었던 친구가 화장을 하고부터 자신감을 되찾은 긍정적인 경우도 있어요.

 나자유 학생이 든 예는 매우 드물어요. 대부분의 학생들은 어른처럼 보이고 싶어 화장을 합니다. 자연스러운 모습이 보기 좋지, 억지로 꾸미는 건 오히려 이상해요. 나자유 학생도 원래 입술이 더 예쁜데 빨간 틴트를 발라서 이상해졌어요.

 너 지금까지 내 입술이 예쁘다고 생각했니?

 아…… 아니, 그게 아니라, 나는…….

하하, 규제의 말이 무슨 뜻인지 알아요. 자연스러운 아름다움을 인위적인 화장으로 가리는 게 이상하다는 뜻이죠?

네! 그 뜻이에요. 나자유는 못생겼어요!

뭐라고? 내가 못생겼다고?

아니, 못생겼다는 게 아니라······.

전규제, 정말 너무해!

전규제 학생, 아무리 외모에 대한 토론이라도 상대방의 외모를 비난하는 건 부적절해요. 그리고 나자유 학생, 토론을 하다 보면 인신공격을 당하는 경우가 있어요. 이럴 때 너무 감정적으로 대응하면 곤란해요. 민주 초등학교 토론 대표이니 언제나 냉정하고 이성적인 자세를 유지해 주세요.

네······. 다른 학교 대표와 토론할 때도 전규제 학생처럼 인신공격을 하는 사람이 있을지 모르니 마음을 단단히 먹을게요.

못생겼다는 말은 취소할게요. 그런 의도가 아니었는데 저도 모르게 말이 헛나갔어요.

어쨌든 누구에게나 자신의 외모를 가꿀 권리가 있기 때문에 학교에서 개인의 외모를 규제하는 것은 지나친 권리 침해라고 생각합니다.

더 심각한 문제는 학생의 외모가 탈선의 수단이 될 수 있다는 점이에요. 외모를 꾸미고 어른처럼 행세하며 술이나 담배 등 청소년 금지 품목을 사거나 청소년 관람 불가 영화를 보는 등 법을 어기는 경우도 있습니다. 청소년이 가면 안 되는 장소에 어른인 척하고 들어가는 일은 어떻게 생각하세요?

그런 사례는 외모 규제와 상관없습니다. 그럴 마음이 있는 아이들은 외모를 규제해도 방과 후에 얼마든지 어른처럼 꾸밀 테니까요.

진한 염색을 하거나 구레나룻을 기르거나, 파마를 하는 것은 규제로 충분히 막을 수 있습니다. 이것만으로도 어느 정도 탈선을 막는 효과가 있다고 생각해요.

규제의 말은 원인과 결과가 바뀌었어요. 탈선하려는 아이들이 외모를 어른스럽게 꾸미는 것이지, 외모를 꾸민 아이들이 탈선하는 것이 아니에요. 아무리 학교에서 규제를 해도, 밖에서 가발을 쓰고 어른 행세를 하는 것까지 막을 수는 없죠.

자유의 말을 듣고 보니 일리가 있어요. 하지만 청소년은 어른보다 유행에 민감해요. 친구들이 모두 머리를 노랗게 염색한다면 따라 하고 싶어져요. 학교는 단체 생활을 하는 곳이니, 외모를 꾸미는 데 별 관심이 없는 학생들을 배려하는 차원에서라도 외모를 규제해야 합니다.

여기까지 잘 들었어요. 오늘도 두 학생이 팽팽하게 각자의 주장을 펼쳐 주었어요. 마무리 발언을 하고, 이어서 배심원들의 생각을 들어 보죠.

학생 인권 조례에도 학생들이 개성을 추구할 권리가 있다고 나와 있어요. 또 학교는 공부만을 위한 장소가 아니에요. 학생들이 자신이 원하는 것을 하며 옳고 그름을 판단할 수 있도록 규제 대신 자율권을 보장해야 한다고 생각합니다.

🧑 외모를 가꿀 권리도 중요하지요. 그러나 학교는 단체 생활을 하는 곳이므로 학업 분위기를 유지하는 것도 못지않게 중요합니다. 또한 탈선으로 이어질 위험이 있으므로 외모 규제는 필요하다고 생각해요.

👧 외모를 약간만 꾸미는 건 괜찮다고 봐요. 저는 곱슬머리라서 머리를 펴고 싶어요. 친구들이 꼬불꼬불 라면 머리라고 놀리거든요. 아마 제가 찰랑거리는 긴 생머리라면 학교에 오는 게 즐거울 거예요.

👦 저는 어른처럼 꾸미는 것이 싫어요. 진짜 좋아서 꾸미는 게 아니라 아이돌을 따라 하는 경우가 더 많잖아요. 또 서로 불필요하게 외모 경쟁을 하는 것도 못마땅해요. 저는 원하지 않는데 자꾸 강요하는 친구들 때문에 정말 귀찮아요.

그런데 규제 오빠, 자유 언니 좋아해요? 아까 예쁘다고 해서……. 아닌가?

예서의 말에 교실이 뒤집어졌어. 이번에는 자유의 얼굴이 빨개졌지. 규제가 절대 아니라며 팔짝팔짝 뛰었지만 어쩐지 아무도 믿지 않는 눈치였어. 당황한 자유가 먼저 교실을 뛰쳐나가자, 3학년 배심원들도 쪼르르 뒤따라갔어. 오균형 선생님은 아이들을 보며 흐뭇하게 미소 지었어.

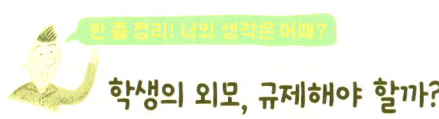

학생의 외모, 규제해야 할까?

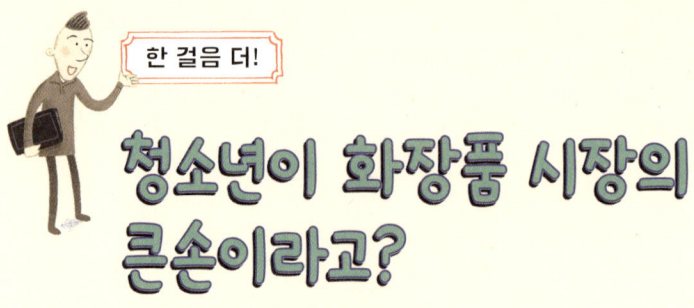

청소년이 화장품 시장의 큰손이라고?

화장품 시장에서 10대가 큰손으로 떠오르고 있다는 사실을 아니? 하지만 어린이와 청소년의 화장품 사용에 대해서는 아직 논란이 많아. 그럼에도 많은 학생들이 화장품을 사용하기 때문에 화장품 회사에서는 10대를 위한 화장품을 많이 출시했어.

한 온라인 쇼핑몰이 발표한 자료에 따르면 어린이용 화장품의 판매액이 전년 대비 4.4배나 늘어났다고 해. 또 어린이용 화장품의 종류도 다양해지는 추세지.

10~20대 초반 학생들은 다양한 제품을 자주 구매하는데, 꼭 필요해서가 아니라 소소한 쇼핑을 통해 스트레스를 풀기 위해서야. 이러한 소비 추세를 신조어로 '탕진잼(소소하게 낭비하며 느끼는 재미)'이라고 하지.

식품 의약품 안전처는 2017년 9월, 화장품 유형 분류에 '어린이용 제품류'를 새로 추가했어. 이에 따라 화장품 제조사들은 어린이 화장품을 만들 때 알레르기를 유발할 우려가 있는 물질을 넣을 경우 의무적으로 성분을 기재해야 하지.

이는 어린이와 청소년의 화장이 이미 널리 퍼져 그것을 규제하기보다 화장품을 올바르게 사용하도록 정보를 제공하는 것이 더 효과적이라는 판단에서 취한 조치야.

화장은 하는 것도 중요하지만 지우는 것이 더욱 중요하니, 혹시라도 화장을 한다면 잘 지우도록 해!

연예인은 사생활도 공개해야 할까?

무슨 소리!
거짓말을 밝혀냈으니 잘한 거지.

아무리 그래도 무단 침입은 범죄라고.

얘들아, 토론 대표를 선발하는 마지막 날까지 이렇게 싸울 거니?
그러지 말고 정정당당하게 토론으로 대결해 봐.

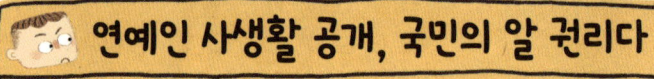
연예인 사생활 공개, 국민의 알 권리다

연예인이라면 사생활 공개 어느 정도 감수해야

유명 코미디언 A씨와, 배우 B씨가 연예인의 사생활 공개에 관해 자신의 생각을 밝혀 화제다. A씨는 사람들이 연예인의 사생활에 관한 루머에 이니셜을 거론하며 추측하는 것에 관해 "예전처럼 낙인을 찍는 게 아니라 가볍게 즐기는 차원이라고 생각한다"며 "사람들이 예전처럼 심각하게 받아들이지 않는 것 같다"고 말했다. 그러면서 "연예인은 직업적인 특수성 때문에 많은 관심을 받을 수밖에 없으니 사생활 공개도 어느 정도 감수해야 한다"고 자신의 의견을 덧붙였다.

유명 배우 B씨도 사생활 공개에 관한 질문에 "어느 정도 포기한 부분이 있다"고 털어놨다. 또 "가고 싶은 전시를 쉽게 갈 수 없는 등의 불편함이 있지만 어쩔 수 없이 감수해야 하는 부분"이라고 밝혔다.

○○일보 2017년 2월 15일

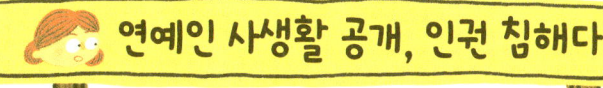

연예인 사생활 공개 막아 달라는 청원 올라와

청와대 국민 청원 게시판에 '연예인들의 사생활을 침해하고 몰래 촬영해 기사화한 한 언론사에 대해 강력한 제재를 취해 달라'는 청원이 올라와 화제다. 작성자는 "연예인도 사람이고, 보여 주고 싶지 않은 사생활이 존재한다"며 "몰래 쫓아다니며 촬영한 기사가 루머를 생성하고 연예인의 사생활을 침해한다"고 청원의 이유를 밝혔다. 이 청원은 한 달 만에 21만 명이 넘는 시민들의 서명을 이끌어 냈다.

이에 청와대는 "언론의 자유는 헌법이 보장한 매우 중요한 권리로, 언론, 출판에 대한 허가나 검열은 인정하지 않는다"며 "개별 언론사가 어떤 기사를 쓰고 보도할 것인지는 언론의 자유 영역에 속하므로 정부 개입이 부적절하다"고 입장을 밝혔다. 다만, "청원인이 강조한 사생활 역시 헌법상 기본권으로 보호받아야 하기 때문에 균형 있게 살펴볼 문제"라고 여지를 두었다.

이처럼 연예인의 사생활 공개는 알 권리와 사생활 침해라는 두 가지 문제가 대립되므로 앞으로도 심도 깊은 논의가 필요해 보인다.

△△신문 2018년 8월 8일

🙁 연예인은 공인입니다. 당연히 대중에게 사생활이 공개되는 것을 감수해야지요. 저는 연예인의 사생활 공개를 찬성해요.

🙂 연예인도 감추고 싶은 사생활이 있어요. 팬이라고 해서 일부러 감추는데 굳이 들춰내는 것은 인권 침해입니다.

🙂 오늘이 토론 대표를 선발하는 마지막 토론이에요. 끝까지 열띤 토론 부탁해요.

🙁 어젯밤에 어떤 사생팬이 가수 크락의 집에 침입하여, 여자 친구와 함께 있는 모습을 촬영했어요. 그동안 여자 친구가 없다고 하더니 딱 걸린 거죠. 거짓말이 밝혀져서 다행이라고 생각해요. 팬들을 기만한 거잖아요.

🙂 크락의 팬으로서 속상하긴 하지만 밝히지 못한 이유가 있었겠죠. 생각해 보면 여자 친구는 사생활 영역이에요. 사생활이 연예 활동에 영향을 끼친 게 아니니 꼭 밝힐 필요는 없다고 생각해요.

🙁 글쎄요, 가수라고 무대에서 노래하고 춤추는 것만 중요하게 여겨서는 안 되지요. 입는 옷이나 행동, 먹는 음식까지 우리 사회에 엄청난 영향을 끼치잖아요. 우리 학교에도 장래 희망이 연예인인 아이들이 수두룩해요. 그런 아이들은 스타들의 일거수일투족을 살피고 따라 하지요. 누군가의 우상이 된 이상, 사생활도 완전히 자유로울 수는 없어요. 모든 행동이 누군가에게 영향을 미칠 테니까요.

🙂 아무리 그렇다 해도 남의 집에 몰래 침입한 것은 범죄예요. 그게 도둑이랑 뭐가 다르죠?

연예 활동 | 사생활

연예인이라면 사생활 공개는 감수해야지.

연예인도 사생활을 보호받아야 해.

먼저 거짓말을 한 사람은 크락입니다. 만약 크락이 여자 친구가 있다고 인정했다면 팬이 집 안에 들어갔겠어요? 연예인은 사람들에게 노출되는 직업이라 관심을 받을 수밖에 없어요.

아무리 연예인이 자신을 노출하는 직업이라도, 감추고 싶은 비밀이 있을 수 있어요. 방송에 나와서 한 행동에 책임지는 것은 맞지만, 범죄가 아닌 이상 자신의 집 안에서 일어나는 일까지 다 알릴 필요는 없죠.

저는 연예인이 인기 때문에 비밀 연애를 한다고 생각해요. 실제로 우리 누나가 좋아했던 아이돌 '제이로'는 여자 친구를 공개한 뒤, 인기가 시들해졌고 결국 은퇴했어요. 결혼하면서 인기가 떨어진 연예인도 많아요. 연예인에게 인기는 수입에 영향을 미치는 중요한 요소예요. 사생활을 감출 권리도 있지만, 대중으로부터 얻은 인기 때문에 돈을 버는 사람들이니 사생활이 알려지는 것도 감수해야 한다고 생각합니다.

사실 저도 사진을 보고 힘들었어요. 몇 번이나 아니라고 하더니……. 흑흑.

이런, 나자유 학생이 정말 놀랐나 보군요. 눈물까지 보이다니. 토론을 하다 보면 가슴 아픈 사건이나 슬픈 상황을 마주할 수도 있어요. 그렇다고 중간에 눈물을 보이면 더 이상 이성적인 토론을 할 수 없겠지요? 감정을 다스리는 것도 토론자의 중요한 자세랍니다. 심호흡을 하면서 마음을 진정시켜 보세요.

나 때문에 우는 거야? 그럼 아까 한 말은 취소할게.

전규제 학생의 말은 논리적으로 옳아요. 규제 역시 토론 중간에 상대방이 눈물을 보이거나 공격을 하는 등 비이성적인 모습을 보이더라도 당황하지 말고 차분하게 대응하세요. 상대방이 운다고 자신의 주장을 도로 거둘 필요는 없어요.

죄송해요. 크락 오빠 말이라면 뭐든 다 믿었기에 충격이 컸어요. 하지만 저는 크락 오빠의 사생활이 어떻든 상관없어요. 크락 오빠에게 여자 친구가 생겼다고 해서 갑자기 노래를 못하거나 춤을 못 추는 건 아니잖아요. 연예인은 노래나 연기 같은 공적인 활동으로만 평가했으면 좋겠어요.

연예인은 모든 면에서 사람들, 특히 청소년에게 큰 영향을 끼쳐요. 그렇기 때문에 여러 회사들은 연예인을 모델로 기용해 팬들에게 물건을 팔아요. 크락이 입은 청바지와 운동화가 크게 유행해서 우리 학교 친구들도 많이 샀어요. 또한 크락이 팔에 새긴 문신이나 노란색 머리를 따라 하는 사람도 있어요. 이렇게 벌어들인 수익은 크락에게도 돌아가요. 대중에 의해 인지도와 수익을 쌓았으니 거짓말을 하면 안 돼요.

그러면 연예인은 개성과 상관없이 무조건 자로 잰 듯 반듯하게 살아야 하나요? 스타라고 해서 도서관에 가고, 클래식 음악을 듣고, 남들이 원하는 모습대로 모범생처럼 살도록 강요할 수는 없어요. 사람은 자신이 하고 싶은 걸 할 자유가 있습니다.

자유의 말은 논리의 비약입니다. 개성 없이 행동하라는 뜻이 아니에요. 크락처럼 거짓말을 하지 말라는 뜻이죠. 요즘은 스마트폰이 흔

해서 누구나 연예인의 행동을 쉽게 촬영할 수 있어요. 말과 다른 행동은 언젠가는 들통나요.

👩 연예인의 사생활 공개는 주변 사람이나 가족에게도 피해를 끼쳐요. 사건이 일어날 때 연예인과 함께 있던 일반인이나 가족의 얼굴이 당사자의 의사와 상관없이 대중에게 공개되기도 해요. 크락의 여자 친구는 대학생인데 네티즌이 SNS를 통해 신상을 공개하여 이름과 학교가 알려졌어요. 벌써 인터넷에 악플이 달리기 시작했고요. 이는 심각한 사생활 침해입니다.

👦 그 부분은 저도 잘못되었다고 생각해요. 하지만 팬이 연예인에 대해서 알고 싶어 하는 건 당연해요. 좋아하는 사람이 생기면 취향이나

일상생활이 궁금하죠. 자연스러운 호기심을 막아서는 안 돼요.

🧑 대중의 호기심 때문에 연예인과 가족의 생활이 망가져도 상관없나요? 가족을 공개하고 싶은 연예인은 예능에 함께 출연하기도 해요. 하지만 굳이 본인이 밝히기를 꺼리는데 대중의 호기심 때문에 억지로 공개하라고 하는 것은 옳지 않아요.

🧑 좋아하는 연예인에 관한 주제라 자유가 잠시 흥분하는 바람에 조마조마한 마음으로 토론을 지켜봤어요. 그러나 걱정과 달리 끝까지 잘했어요. 그동안 연습한 보람이 있네요. 자, 그럼 두 학생 모두 각자 의견을 마무리해 주세요.

🧑 대중에게는 알 권리가 있습니다. 연예인은 자신의 이미지를 대중에게 알리고 그것으로 수익을 얻는 사람이기 때문에, 사람들이 궁금해한다면 사생활도 어느 정도는 공개해야 한다고 생각합니다.

🧑 연예인도 하나의 직업일 뿐입니다. 자신의 직업인 노래와 춤, 연기 등으로만 평가받아야 합니다. 사람에게는 누구나 자신의 사생활을 지킬 권리가 있으므로 연예인이라고 해서 사생활을 모두 공개할 필요는 없습니다.

🧑 민주 초등학교 토론 대표를 뽑는 마지막 날이라 그런지, 두 학생 모두 한 치의 양보도 없이 팽팽하네요. 그럼 배심원 여러분의 의견을 들어 볼까요?

🧑 크락 오빠에게 너무 실망했어요. 저는 오빠의 말을 진짜로 믿었는데 어떻게 그럴 수가……. 크락 오빠가 썼던 멋진 가사도 이젠 믿을

수 없을 것 같아요. 왜 거짓말을 했는지 모르겠어요. 연예인들이 팬들에게 늘 사실대로 말하면 좋겠어요.

🙂 아무리 팬이어도 남의 집에 함부로 침입하면 안 돼요. 만약 제가 자고 있는데 누군가 몰래 들어와서 사진을 찍는다면 너무 싫을 것 같아요. 아무리 궁금해도 법을 어기지는 말아야 해요.

🙂 저는 인터넷에서 연예인을 몰래 찍은 사진을 보며 재미있다고 생각했어요. 찍힌 사람이 괴로워한다는 사실은 미처 생각하지 못했지요. 앞으로 몰래 찍은 사진은 보지 말아야겠어요.

🙂 우리 꼬마 배심원들도 대단합니다! 토론을 잘 듣고 날카롭게 지적하는 모습을 보니 저도 뿌듯해요. 여러분이 있어서 우리의 토론이 더욱 빛났어요. 그리고 나자유, 전규제. 그동안 토론 수업을 잘해 주었어요. 쉽지 않은 주제임에도 논리적으로 토론하고, 서로 예의를 잘 지켰어요. 토론에 대해 배우려고 애쓴 자세도 좋았고요.

🙂 저…… 선생님, 그럼 저희 둘 중 한 사람이 우리 학교 토론 대표로 결정되나요?

🙂 아, 떨려요. 꼭 제가 나가고 싶어요. 제가 규제보다 훨씬 열심히 했어요.

🙂 야, 내가 너보다 더 잘했거든?

🙂 이런! 토론이 끝났다고 벌써 싸우니? 선생님도 너희 둘 중 누구를 토론 대표로 선발할지 고민이 많았단다. 그런데 고민할 필요가 없어졌지 뭐야.

네? 저희가 그렇게 못했나요?

 아, 토론 중에 괜히 흥분해서 다 망쳤나 봐.

그게 아니라 이번 교육청 주최 토론 대회는 2명이 한 팀으로 출전하도록 규정이 바뀌었어. 그래서 너희 둘이 민주 초등학교 공동 대표로 출전하게 되었지.

나자유랑 한 팀이라고요? 망했다. 저런 울보랑 어떻게 한 팀을 해요.

누가 할 소리! 고집불통 전규제랑 같은 팀이라니…….

 그동안 지켜보니, 너희 둘은 서로 생각도 다르고 표현하는 방식도 달라. 그래서 오히려 둘이 한 팀을 이루면 서로에게 아주 큰 힘이 될 거야. 개인의 자유와 권리에 대한 나자유의 논리는 아주 훌륭해. 사회적 규범과 규제에 대한 전규제의 상식도 탄탄하지. 너희는 창과 방패처럼 다른 팀의 공격과 방어를 자유자재로 막아 낼 수 있을 거야. 게다가 토론하면서 공부도 꽤 해서 처음보다 훨씬 똑똑해졌잖아. 어때, 도전해 볼 만하지?

우아, 형이랑 누나가 한 팀으로 나가면 정말 멋지겠다.

맞아, 언니도 똑똑하지만 규제 오빠도 아는 게 많아.

둘이 힘을 합치면 천하무적일 거야. 다른 학교 참가자를 다 이길 것 같아!

 너희가 보기에도 그렇지? 규제와 자유도 함께 토론 대회에 나가는 것에 찬성하니?

자유가 좀 깐깐하고 가끔 흥분할 때가 있지만, 저보다 논리적이니까 도움이 될 것 같아요.

규제가 답답한 면이 있긴 해도 주관이 뚜렷하고 차근차근 설명을 잘하니까 같은 팀이 되면 나쁘지 않을 거에요.

좋아, 힘든 토론 수업을 하느라 고생 많았어. 그럼 토론 대회 대표 선발 기념으로 선생님이 떡볶이 쏜다!

선생님의 말에 모두 환호하며 교실 밖으로 달려 나갔어. 자유와 규제는 끝까지 자존심을 내세우느라 내색하지는 않았지만, 함께한다면 든든할 거라고 생각했어.

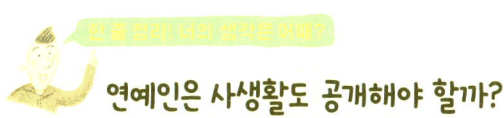

연예인은 사생활도 공개해야 할까?

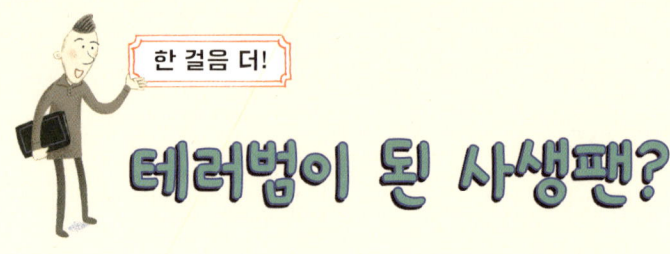

테러범이 된 사생팬?

팬들의 인기가 높은 아이돌 그룹이 사생팬에게 위협받고 있어. 인기 그룹 트와이스가 염산 테러 협박을 받은 데 앞서 에이핑크, BTS 등도 비슷한 유형의 위협을 받은 적이 있었지. 언제, 어떤 사건이 벌어질지 몰라 연예인과 소속사는 바짝 신경을 곤두세우고 있다고 해.

트와이스는 멤버 미나를 살해하겠다는 협박에 이어, 그룹 전체에 대한 염산 테러 협박까지 당하자 노심초사했어. 트와이스를 향한 염산 테러 협박은 극우 성향의 인터넷 커뮤니티 회원이 트와이스의 일본 활동을 비난하며 보인 행동이었어.

에이핑크는 컴백 쇼케이스 장소에 폭발물을 설치했다는 협박을 받아 결국 관람객 150여 명이 대피해야 했어. 에이핑크 멤버를 살해하겠다며 여러 차례 협박을 했던 이 남성은 청와대에도 폭파 협박을 했던 것으로 드러났어. 이 남자는 현재 캐나다에 체류 중인 한국계 미국인으로 알려졌어. 경찰은 인터폴*에 적색 수배를 요청했고, 국내에 입국하는 즉시 체포할 계획이야.

BTS도 살해 협박을 받았어. BTS는 미국 공연을 앞두고, SNS에 멤버 지민을 총으로 살해하겠다는 협박 글을 발견했어. 이 협박은 안티 팬의 소행

인터폴 세계 각국의 경찰이 서로 협력하여 국제적인 범죄를 예방하고 해결하기 위해 만든 국제 기관.

으로 밝혀졌고, 다행히 공연은 무사히 마쳤어.

　아이돌 테러 협박범은 스타에게 동경과 박탈감을 동시에 느낀다는 분석이 있어. 아이돌을 향한 사랑도 좋지만, 너무 집착하지 말고 그들의 활동을 응원하는 게 진정한 팬이라는 것을 잊지 말렴.